本书是国家社科基金『十三五』规划教育学重大招标项目『新时代中国教育高质量发展的路径与对策研究』成果之一

中国教育专家领航系列丛书（第三辑）

幸福教育的理论与实践探索

朱辉 著

世界图书出版公司

图书在版编目（CIP）数据

幸福教育的理论与实践探索 / 朱辉著 . -- 北京：
世界图书出版公司 , 2021.11
ISBN 978-7-5192-9061-0

Ⅰ . ①幸… Ⅱ . ①朱… Ⅲ . ①小学教育—教育研究
Ⅳ . ① G622.0

中国版本图书馆 CIP 数据核字 (2021) 第 222838 号

书　　　名	幸福教育的理论与实践探索
（汉语拼音）	XINGFU JIAOYU DE LILUN YU SHIJIAN TANSUO
著　　　者	朱　辉
总　策　划	吴　迪
责 任 编 辑	滕伟喆
装 帧 设 计	包　莹
出 版 发 行	世界图书出版公司长春有限公司
地　　　址	吉林省长春市春城大街 789 号
邮　　　编	130062
电　　　话	0431-86805551（发行）　 0431-86805562（编辑）
网　　　址	http://www.wpcdb.com.cn
邮　　　箱	DBSJ@163.com
经　　　销	各地新华书店
印　　　刷	吉林市京源彩印厂
开　　　本	787 mm×1092 mm　1/16
印　　　张	13.75
字　　　数	270 千字
印　　　数	1—1 000
版　　　次	2021 年 11 月第 1 版　　2021 年 11 月第 1 次印刷
国 际 书 号	ISBN 978-7-5192-9061-0
定　　　价	45.00 元

中国教育专家领航系列丛书（第三辑）

顾问委员会

主　任：黄宪昱

委　员：荣文龙　董　妍　李大伟　吕德辉
　　　　胡培柱　李亚君　朱　峰　张月柱
　　　　王淑琴

编委会

主　编：张月柱　王淑琴

副主编：宋剑锋

编　委：王　双　王　惠　王　琦　王伟平
　　　　朱艳秋　刘　俐　刘彦平　刘文学
　　　　关爱民　谷玉宣　杜晓明　李　杰
　　　　李　昑　李文茸　杨秀艳　邹凤英
　　　　辛　枫　张　玲　张　辉　张继会
　　　　苗春义　郝　伟　高　楠　高贤美
　　　　黄　娟　崔　瑜　裴国英　谭　清

教育大计，教师为本。

《国家中长期教育改革和发展规划纲要（2010—2020年）》（以下简称《纲要》）中要求，"创造有利条件，鼓励教师和校长在实践中大胆探索，创新教育思想、教育模式和教育方法，形成教学特色和办学风格，造就一批教育家，倡导教育家办学"。2012年《国务院关于加强教师队伍建设的意见》（国发〔2012〕41号）在《纲要》精神的基础上，更明确提出要"培养造就高端教育人才"。党的十九大报告也进一步明确强调"优先发展教育事业"，打造教育家型教师是深入贯彻落实党的十九大精神和教育方针，办好人民满意教育的一项重要举措。

教育事业的发展离不开德才兼备的优秀教师。教育家型教师是教师队伍的领军人物，是引领教育事业发展的楷模和榜样，是教育事业改革与创新的核心力量，成为教育家型教师是每位教师的职业追求。

国将兴，必贵师而重傅。多年来，长春市把全面加强教师队伍建设作为一项重大政治任务和根本性民生工程切实抓紧抓好，遵循教师培养的规律，不仅高度重视新教师、骨干教师和名师的培养，也十分重视教育家型教师的打造。《中国教育专家领航系列丛书》选取了在长春教育一线工作，有教育情怀、有教育思想、有教育业绩，在全国有较大影响力的专家型教师，系统地诠释他们的教育主张、教学风格、教育智慧以及在教育教学中的学术成果。旨在传播这些教育家型教师的思想，推广其教育教学经验，进而感召和引领广大教师专业成长，推动教

育事业的发展。

就在本丛书推出的过程中，中共中央、国务院印发了《关于全面深化新时代教师队伍建设改革的意见》（以下简称《意见》）。《意见》指出："到 2035 年，教师综合素质、专业化水平和创新能力大幅提升，培养造就数以百万计的骨干教师、数以十万计的卓越教师、数以万计的教育家型教师。"本丛书的推出，恰逢其时。希望本丛书能为中国教师领跑，为实现教育现代化领路，为中国教育领航。

黄宪昱

畅行幸福教育　实践幸福教育

——《幸福教育的理论与实践探索》述评

柳海民

教育作为有目的、有计划、有组织地培养人的社会活动，是塑造幸福人生的主要路径。正如国际 21 世纪教育委员会向联合国教科文组织提交的报告《教育——财富蕴藏其中》所说的那样，"面对未来的种种挑战，教育看来是使人类朝着和平、自由和社会正义迈进的一张必不可少的王牌"，教育"是一种促进更和谐、更可靠的人类发展的一种主要手段，人类可借其减少贫困、排斥、不理解、压迫、战争等现象"。从这种观点出发，幸福教育是新时代社会发展的现实需要。

当代中国教育就像中国经济的发展情形一样，我们在取得巨大进步的同时，也遭遇了一系列严峻挑战。最突出的问题之一就是中国教育质量仍有待提高，具体表现在：太多的教育当事人在教育过程中失去了应有的幸福感。在应试教育的阴影里，中国很多教育当事人都处在"不幸福"的教育状态之中——学生们倍感课业负担的沉重、教师群体存在职业倦怠、家长们不堪子女教育竞争的压力。我们的教育病了。只有教育康复了，学生才能幸福，家长才能幸福，教师才能幸福，全社会的幸福才能实现。因此，幸福教育十分必要。

为中华民族谋复兴，为中国人民谋幸福，是贯穿党的十九大报告全文的一条主线。以此为基础，曙光小学确定了以幸福为主题的幸福教育办学理念。我们认为，用幸福教育的理念引领学校发展势在必行。

教育首先要对人的生命给以全面的关照和提升，它不仅要让学生从生理上得到幸福，也要满足学生的心理需要，关照其心理幸福；不仅要关照学生个性方面的要求，也要滋养其社会性幸福情感。教育首先要对人的生命给以全面的关照和提升，它不仅要让学生从生理上得到幸福，也要满足学生的心理需要，关照其心理幸福；不仅要关照学生个性方面的要求，也要滋养其社会性幸福情感。

曙光小学实施的幸福教育理念内涵是"育造福之能，做幸福之人"，办学宗旨是"办一所师生眷恋的幸福学校"，其目的在于培育师生创造幸福的能力，走向

幸福的人生。这是一种生命性教育，在于促进人的生命样态的美好成长。这是一种生态性教育，尊重人的自然发展规律。这是一种持续性教育，指向人的终身发展。幸福教育理念下的学校样态是幸福学生阳光向上、信心满满；幸福教师优雅亲切、学识丰盈；幸福学校温暖、雅致、让人眷恋。幸福教育的文化构建内涵具体、底蕴丰厚；"一核心三层级四并行"的扁平化管理体系，形成了基于合作融合竞争的学习氛围和促进每位师生自我发展和个性张扬的文化土壤；"太阳花"幸福课程关注学生天性、个性、共性的发展，培养有道德修养，有知识见识，有健康身心，有审美情趣，有劳动品质的幸福少年；以"情"为核心的"情境体验、情理交融、情智协同、情意共生"的幸福课堂，让学生在美与智的融合中形成健康的个性和健全的人格；"四月四节"主题德育序列活动，促进了学生的全面成长。

《幸福教育的理论与实践探索》一书，体现了曙光小学朱辉校长对办学的全情投入和深刻思考，体现了她浓浓的教育情怀和大爱大德。书中凝聚了她深厚的幸福教育办学思想，有独特的话语体系。她带领全校师生，在传承历史中不断创新实践，在办好一所学校的理论建构和特色实践中，走出了自己的幸福之路。

柳海民，教育学博士，国家级教学名师，东北师范大学教育学部教授、博士生导师。历任东北师大教育科学学院院长，校长助理、教务处处长，校党委常委、副书记、副校长，教育部幼儿园园长培训中心主任。

幸福之花在这所学校夺目绽放

刘学智

英国哲学家休谟说过："一切人类努力的伟大目标在于获得幸福。"人在旅途，都曾追寻过人生的真谛，思考过怎样获得幸福生活。那么，幸福究竟是什么？面对这迷雾般的话题，有人说幸福是一种感觉，感动就是幸福；有人说幸福是一种沉甸甸的收获，成功就是幸福。问遍天下智者，终有形形色色的回答。今天受朱辉校长之约为这本即将付梓的精彩著作写序，对我而言，本身就是一件无比幸福的事情。理由很简单，感动于朱辉校长带领曙光小学师生，走过了不平凡的育人岁月，最终走上了特色办学之路，幸福之花在这里夺目绽放。正如本书中描写的："每天清晨，教师迎着灿烂的朝阳步入校园，耳边回荡的是声声问候。活泼可爱的孩子们，在校园里自由地徜徉。他们时而在书廊静静地读书，时而在操场上奔跑。眼中充盈的是文字的光影，心中徜徉的是幸福的喜悦，脚下流动的是希望的旋律。学校的生态课堂，不再局限于一间简单的教室，不再局限于单一的学科。孩子们可以选择自己喜欢的课程，可以选择自己喜欢的学习方式。老师不再有高高在上的光环，而是带领着一群群儿童自由飞翔。操场上、假山旁、实验室、种植园……或唱，或跳，或画，或讲，孩子们的梦想悄悄生根发芽，飞到遥远的地方"。

是什么魔力让一所普通的小学变成学生心之向往、家长普遍信赖的好学校？这缘于有一个执念幸福教育的好校长。柳斌曾说过："一个好校长就是一所好学校。"早在 2013 年，朱辉校长抓住学校重建教学楼的契机，果断提出了幸福教育办学理念。在办学实践中，学校贯彻党的教育方针，落实立德树人理念，坚定把"办

一所师生眷恋的幸福学校"作为办学宗旨；把"尊重天性，发展个性"作为学校的育人目标。几经理论凝练，几经实践打磨，终于百炼成钢。"东方破晓映曙光"，在朱校长的带领下，曙光小学一步步从普通的"草根学校"华丽转身为优质学校。

先进的教育理念能否落地是办好学校的关键。朱校长运筹帷幄，积极探索幸福教育实施的有效路径。从这本学术厚重的书中，可以品鉴到朱校长将幸福教育理念转向办学实践的艰辛历程和沉甸甸的思想。

首先，抓好特色课程体系建设。学校践行"育造福之能，做幸福之人"的幸福教育理念，学校构建了"太阳花"特色课程体系。这一课程体系坚持"以学生发展为本"的原则，充分凸显了尊重学生天性、关注学生个性、贴近学生生活的学生观。由此，"太阳花"课程体系成为培养德智体美劳全面发展的社会主义建设者和接班人的重要载体，成为学生未来发展和谋求幸福人生的有力依托。

其次，建构幸福多彩课堂。课堂是学校育人的关键环节，是学生生命成长的主舞台。实施幸福教育，培养幸福学生，也必须抓住课堂这个关键。为此，在幸福教育理念下，学校师生围绕指导思想、目标定位、内涵挖掘、操作原则开展了系统的教学模式建构。课堂具有教师和学生两个主体，在幸福课堂中，通过情境体验，点燃幸福——情理交融，合作探究——情智协同，反思拓展——情意共生，健康成长"四情并茂"教学模式的实践研究，使课堂教学成为落实立德树人、发展素质教育、提升办学质量的关键环节。

再次，优化高质量教师队伍。朱校长秉持着"以德立身、以德立学、以德施教、以德育德"的为师原则，认为新时代生态理念下的幸福教师需要修业修身，勤谨博学，需要爱生爱己，儒雅仁爱；需要对教育充满热情，对学生充满热爱，对自己充满期待。构建共同发展、相互支持的师生关系，也是教师职业幸福，乃至于人生幸福的构成。在这一指导思想下，学校将教师初步分为三个发展梯队、一个目标梯队。由此，学校教师培养工作呈现出"你追我赶""争先创优"的新气象。

最后，把牢学生健康成长。为培养学生坚定的理想信念、厚实的爱国情操以及良好的道德品质，朱校长提出"奠基儿童幸福人生，创造民族幸福未来"的育人理念。围绕这一理念，学校确立了"五有"学生成长目标，即将学生培养成有健康身体、有远大理想、有美好心灵、有创造精神、有活泼个性的人才。

书当快意读易尽，打开这本书，我有太多感动。朱校长曾经的办学探索艰辛已成过去。朱熹有诗云："昨夜江边春水生，艨艟巨舰一毛轻。向来枉费推移力，此日中流自在行。"我们欣喜地看到，今天的曙光小学从丑小鸭变成了白天鹅，正如艨艟巨舰，乘风破浪，在新时代的教育改革大潮中"自在行"。

合上这本书，我也有太多的感激。朱校长带领团队，深耕基础教育，大胆创新，勇于实践，善于总结，为基础教育改革提供了宝贵的经验。开卷有益，这本书有血有肉，有滋有味；既有作者宝贵的理论思维，也有教育者鲜活的故事、案例与你分享，必能为基础教育广大读者提供有价值的养料。

忐忑写下这些文字，我有些惶恐。这本著作，与其说是一本学术思想与实践经验的汇聚，莫如说是朱校长带领曙光小学师生用心、用情甚至用人生谱写的基础教育改革篇章。这里饱含了曙光人太多的故事、太多的泪水、太多的思想、太多的期许，吾怎敢妄言，仅作为一名从教者对以朱辉校长为代表的曙光小学弄潮儿的一种钦佩和敬仰。最后，真诚祈愿曙光小学在基础教育课程改革中砥砺前行，扬帆远航，发出时代的最强音。

刘学智，教育部基础教育教学评价专家指导委员会委员，全国小学教师教育委员会副理事长，东北师范大学教育学部初等教育学院院长，教授，博士生导师。

天空微明，夜色渐淡，校园安静如画。

当一轮旭日冉冉升起，给校园带来一片绚丽的曙光。

那万丈光芒里，孕育着无限的希望和力量，预示着新的一天即将开始。

那朝阳如同可爱的孩童，灵动鲜活，厚积薄发。

那霞光如同学校，敞开怀抱，陪伴儿童幸福成长。

曙光就这样和幸福相伴相生，一路走来……

幸福，一个古老而神秘的话题，为了撩开幸福的面纱，人类苦苦追寻了千年。多少伟大的哲人谈及幸福，都有自己的独到见解：苏格拉底认为，未经审视的人生是不值得过的，人必须认识你自己才有可能拥有幸福。德谟克利特觉得，幸福是一种快乐，但人类不能追求一切种类的快乐，应该只追求高尚的快乐。柏拉图说，在现实世界中，人为了得到神性的幸福，必须追求美好的品德，只有具有美德的人才会是幸福的人。幸福是始点，是本原，正是为了它所有的人才做其他的事情。连恩格斯也说过这样的话："每个人都追求幸福是一种无须加以论证的、颠扑不破的原则。"可见，人们对幸福的判断形形色色，就连伟大的哲学家们也不例外，虽然身处不同的国度、不同的年代，但他们都不约而同地指出了幸福与人性、与人生的密切联系，它是人们对自我的感受和体验。

实施幸福教育，呼唤人性复归，重筑人生价值，这是时代发展的呼声。学校实施幸福教育的目的是使每个学生都能够获得愉悦，体验心灵的惬意，感受人生的意义和生活的快乐。在幸福的包围中，感受自己的人生，体验自我的同一，描绘自我绚烂的色彩。让学生用幸福的体验，感受我的那个"我"，认识"我"的存在与"我"的意义，体验"我"之为我的价值与生活，体验人的那份纯真与美意和"我"的那份快意与自在。幸福教育就是当它以幸福的光芒、幸福的意义和本体照耀着、

笼罩着和呈现在我们面前时，我们的人生才能以更加惬意与通透的方式存在；当幸福以它无穷的魅力唤起我们沉睡的灵性时，一切都将沐浴在温暖的爱意里。对于孩子而言，幸福不再变得遥不可及，它使他们真切地认识了他们自己，就像看别人一样清晰地看到了自我的影像，看到了自我的意义，体验了"我"与我自己的统一。

幸福教育就像是我们人生的准绳，记录着我们的每一寸时光，体验着我们的每一寸人生与每一点儿意义。当我们深切地感受到我们与我们自己时，它清晰明快；当我们模糊地记忆着我们是谁时，它竭力想要帮助我们恢复我们对于自我的意识，时刻忧虑着我们是否会偏离正确的方向。

从 2013 年至今的七年时间里，曙光小学全体师生始终行走在追寻幸福的路上。从办学理念的整体建构到落地生根，从环境文化的重新布局到课程建设，从教师队伍的全面提升到学生活动，幸福教育发生在每一个细节里、每一个过程中、每一个人身上。

幸福教育理念的提出背景、发展历程的梳理、核心主张的完善、思想体系的架构、外在文化的表达、课程体系的建构、课堂教学模式的总结、幸福教师的培养、幸福学生的成长，使幸福教育办学理念更加丰满，内容更加全面，目标更加明确，体系更加科学。

七年来，幸福教育使曙光小学更加生机勃勃、流光溢彩。一位位教师更加博学儒雅、爱意浓浓，一个个学生更加自信阳光、天天向上，一面面墙壁更加生动活泼、别具一格，一节节课堂更加灵动精彩、收获满满。如今的曙光校园里，幸福俯拾皆是：清晨校门前的一句"早上好"，课间草坪上肆意欢脱的奔跑，操场读书长廊里静心的阅读，课堂上热烈的讨论和静静的思考，还有师生间流淌的爱意，每一次微笑和拥抱……

幸福，是每个人留存的时光回忆，是人与人之间最真诚的信任和尊重。在曙光小学师生和家长的记忆里，幸福有着别样的意义，那就是对学校的深深眷恋，是对每个人的深深依恋。时光流转，幸福不老，岁月更迭，眷恋永存。

目录 contents

第一章

幸福教育

幸福是人生追求的一项基本目标，是人类生活中的普遍期望。2012 年 6 月 28 日，第 66 届联合国大会宣布，决议将今后每年的 3 月 20 日定为"国际幸福日"。这是人类文明的一大进步，因为它明晰了"幸福"是"人类共有的精神家园"。数万年的人类进化史、数千年的人类文明史形成了不同的民族、宗教与信仰，无论是东方的"平安和谐幸福"，还是西方的"自由民主博爱"都是并行的幸福路，目标都是为了"共同幸福"。现代社会人们都为幸福而奔忙，生活在各种焦虑之中，经常忽略自身的幸福，很少去感知自身的幸福。习近平总书记在 2018 年新年贺词中说："广大人民群众坚持爱国奉献，无怨无悔，让我感到千千万万普通人最伟大，同时让我感到幸福都是奋斗出来的。"[1] 这句话点燃了亿万人民在新时代为幸福奋斗的激情。

面对互联网和信息技术的飞速发展，学校会在润物无声的改变中，发生翻天覆地的变化。曙光小学也许依旧有钢筋水泥的大楼，也许依旧有高高的围栏大墙，但是校园一定是鸟语花香、书香弥漫、绿草茵茵的生态校园。每天清晨，教师迎着灿烂的朝阳步入校园，耳边回荡的是声声问候。活泼可爱的孩子们，在校园里自由地徜徉。他们时而在书廊静静地读书，时而在操场上奔跑。眼中充盈的是文字的光

---

[1] 习近平 . 国家主席习近平发表二〇一八年新年贺词 [N]. 人民日报，2018–01–01（01）.

影，心中徜徉的是幸福的喜悦，脚下流动的是希望的旋律。学校的生态课堂，不再局限于一间简单的教室，不再局限于单一的学科。孩子们可以选择自己喜欢的课程，可以选择自己喜欢的学习方式。老师不再有高高在上的光环，而是带领着一群群儿童自由飞翔。操场上、假山旁、实验室、种植园……或唱，或跳，或画，或讲，孩子们的梦想悄悄生根发芽，飞到遥远的地方。

我们的学生，是未来幸福的主宰，幸福之路各种各样，幸福之花一路绽放！

一、提出背景

1. 教育要顺应儿童天性发展

老子提出了"天人合一"的思想，孟子认为，"人性与天性、人道与天道"是一致的。中国传统文化中的核心思想在于天道自然、人与自然和谐相处。幸福是人生命本质的体现，就是要合乎自然，顺从物和人的天性，因此要把对儿童本性的尊重放在首位。我们倡导的幸福教育首先是尊重儿童天性。幸福教育是符合人的自然状态和天性发展的教育，目标之一就是要培养师生具有仁爱、互爱的情怀，爱自己，爱他人，爱社会，爱国家，具有爱与被爱、珍惜幸福、享受幸福和创造幸福的能力。

2. 教育要实现人们对美好生活的向往

高速发展的信息化时代，使很多人忘却了自己，忘却了幸福的目标和味道。中国特色社会主义进入新时代，人民群众对更高质量、更加公平、更具个性的教育需求也更为迫切。面向《中国教育现代化2035》描绘的蓝图，面对习近平总书记在2018年全国教育大会上提出的"培养什么人"的重要方向和"奋斗本身就是一种幸福"的感召，需要进一步重构学校办学思想和目标。我们的家乡吉林省长春市已连续10年获评"中国最具幸福感城市"，这是对长春市"建设幸福长春行动"的肯定，更与长春市十多年来持之以恒改善民生密不可分。2018年2月，《幸福长春行动计划》正式出台，包括脱贫攻坚、社会保障、教育卫生等10方面98件实事，再度开启了与长春市城乡居民的"幸福之约"。面对新时代、新形势、新任务，我们充分认识到人民对美好生活的向往就是对幸福的渴求与期盼。幸福教育是实现美好生活的需要，我们每一个人的幸福都要经历艰苦的奋斗才能体味和品尝，带领教师幸福地教、学生幸福地学，也是幸福教育的奋斗目标。通过教育，让更多的人实现对美好生活的向往。

3. 教育要实现学校办学品质的提升

对于"学校品质"的理解，教育部基础教育司王定华先生明确指出：学校品

质是质量、内涵、文化、特色、信誉的集合体，外在是品牌，内在是内涵。一所高品质的学校应该具备崇高的教育理想、先进的办学理念、准确的发展定位、科学的育人模式、精细的教育管理、系统的课程活动、特色的校园文化、优秀的教师队伍等内容。"学校品质"的提升也是一个动态的过程，是一代代教育人长期磨砺的过程，只有起点，没有终点，同样需要传承与创新。"学校品质"的提升服务于"立德树人"根本任务的完成，属于目标范畴，是实现教育目标的核心要素。面向 2020 年乃至更远的未来，必须促进发展方式转变，将学校品质提升作为学校发展新的努力方向。

2019 年教育部工作要点提出："推动学校特色发展，提升学校品质。"这是国家教育行政部门首次正式提出这一重要的时代命题。叶澜教授在《关于教育优质公平发展的三重思考》一文中指出："学校不是工厂企业，不是超市，学校是以育人为宗旨的教育机构，因而需要由根据不同对象的教育和教学活动来完成，需要教师间相互研究、切磋，有历史的学校都有自己的传统与文化，还需传承和发扬。"[1]学校作为提供教育的组织机构，教育服务的最终受惠者是学生，学校品质提升要将"一切为了学生的发展"作为起点与归宿，调动学校发展的所有力量，包括学校外部的教育行政力量、专家力量、家长力量以及内部的管理力量，从管理、教学、课程等多方面为学生提供高质量、多样化的教育教学服务，将学校的各个系统、各种关系和资源置于一种符合规律、和谐共生的平衡状态，为广大师生提供一个基于可持续发展生态意义的校园生活背景，实现学生全面、个性和可持续发展。

习近平总书记在中国共产党第十九次代表大会上所做的报告中指出："不忘初心，方得始终。中国共产党人的初心和使命，就是为中国人民谋幸福，为中华民族谋复兴。"[2]学校的初心就是为师生谋幸福，让家长满意放心。学校是幸福的乐园，是师生最喜爱的场所，是深情眷恋的精神家园，在这里共同体验幸福、感恩幸福和创造幸福。为此，我们提出了幸福教育的办学理念，努力将曙光小学办成一所师生最为眷恋的幸福学校。

4. 教育要培养有大爱大德大情怀的人

柳海民教授认为："教育的质的规定性是：有目的、有计划、有组织地培养人的社会实践活动，即根据一定社会需要而进行的培养人的活动或培养人的过程。"[3]培养什么人、怎样培养人、为谁培养人，是教育必须解决的根本问题。2019 年，

[1] 叶澜. 关于教育优质公平发展的三重思考 [N]. 光明日报，2019-10-16（13）.

[2] 《决胜全面建成小康社会夺取新时代中国特色社会主义伟大胜利——在中国共产党第十九次全国代表大会上的报告》（2017 年 10 月 18 日）.

[3] 柳海民. 教育原理 [M]. 长春：东北师范大学出版社，2001：139.

习近平总书记在全国教育大会上指出，"要在加强品德修养上下功夫，教育引导学生培育和践行社会主义核心价值观，踏踏实实修好品德，成为有大爱大德大情怀的人"。培育学生的大爱大德大情怀，需要家庭、学校、党政和社会协调配合、共同努力，扮演好各自的角色，齐心奏好立德树人"大合唱"。

关于"德"，现代汉语词典解释为"道德；品行；政治品质"。大德，即崇高的品德。小德川流，大德敦化，意思是小德如江河，川流不息，大德敦厚，化育万物。我们的教育方针是培养德智体美劳全面发展的建设者和接班人，把"德"放在首位，充分说明"德"在教育中的重要作用。情怀是含有某种感情的心境。大情怀，即家国情怀、民族情怀、人民情怀。这种情怀表现为重视亲情，心怀天下，是乡土观念、民族精神、爱国主义的有机融合。只有把远大理念与个人抱负、家国情怀与人生追求融为一体，才能拥有崇高的个人情怀。大爱大德大情怀不是互不关联、相互割裂的，而是有机统一的整体。有大爱者才会有大德，有大德者才会有大情怀，有大情怀者才会有闪光的人生。教育的根本任务是立德树人。如何帮助学生求真理、悟道理、明事理，树立中国特色社会主义道路自信、理论自信、制度自信和文化自信，成为具有大爱大德大情怀的时代新人，自觉在中华民族伟大复兴的征程中担当作为？这是我们不断思考的时代答卷。

二、发展历程

从1963年建校至今，曙光小学历经了无数次改革，培养了一批批优秀人才，学校曾提出过"为了一切学生、为了学生一切"的办学理念，育人目标指向儿童的全面发展，强调学生主体、儿童本性。之后还提出过"自信教育"的办学理念，同样关注儿童自身发展，指向人的终身幸福的培养。2013年，学校教学楼重建，面临新的发展契机。经过师生、家长的广泛调研和讨论，提出了幸福教育办学理念。

通过近几年的实践、反思、改进，幸福教育办学理念内涵更加鲜明和丰富，办学目标和办学体系更加明确和规范，使曙光小学从普通的"草根学校"华丽转身为优质学校、百姓身边的好学校。

曙光小学教学楼旧照

曙光小学 2013 年原址重建新教学楼

1. 广泛学习，深入调研，幸福教育思想悄然萌芽

2013 年 8 月—2013 年 12 月，学校开始进行相关文献学习和实地考察研究，在师生和家长中开展调查问卷，明晰学校发展现状和办学目标。2013 年 10 月，学校建校 50 周年之际，回迁原址重建的新教学楼，开启学校新的发展历程。在学校发展的关键节点，需要新的办学理念引领学校的发展方向，重新规划学校发展目标。基于对学校历史的思考和现实发展的需要，提出幸福教育办学思想。

2. 提出理念，行于实践，幸福教育思想体系初步形成

2013 年 12 月—2014 年 12 月，开始进行幸福文化、幸福管理、幸福课堂、幸福德育的研究，初步形成幸福教育办学思想体系。学校被长春市教育局命名为长春市新优质学校、长春市语言文字规范化示范校，并荣获中国音协打击乐协会举办的"津宝杯"第二届全国行进打击乐大赛团体银奖。学校申报的吉林省教育学会"十二五"科研规划课题"实施幸福教育 创建幸福校园"正式立项。

3. 理念引领，纵深推进，幸福教育学校快速发展

2015 年开始，幸福教育办学思想成为学校发展的引领，在精神文化、课程文化、行为文化、环境文化等方面深入实施和推进。2015 年学校被中央电化教育馆评为"全国中小学 NOC 信息化教育实验学校"，被吉林省教育厅评为"吉林省语言文字规范化示范校""吉林省国防科技体育先进单位"，被中共长春市委、长春市人民政府评为"长春市精神文明建设工作先进单位"，被共青团长春市委、长春市教育局评为"长春市少先队红旗大队"；2016 年被中国垒球协会、中国教育学会体育与卫生分会评为"全国软式棒垒球实验学校"，被吉林省教育厅、体育局评为"吉林省体育传统项目学校"，被吉林省教育科学院生命与安全教育研究中心评为"吉林省生命与安全教育百佳文化建设校"，被长春市教育局评为"长春市平安校园示范校""长春市中小学学校文化建设示范校"。中国教育学会"十三五"教育科研规划课题"生态理念下互动合作教学模式研究"立项。2017年学校申报的吉林省教育学会"十二五"科研规划课题"实施幸福教育 创建幸福校园"圆满结题。

4. 理念提升，项目改进，幸福教育办学思想日渐成熟

2017年12月—2020年12月，学校成为"南关区生态教育学校改进项目"首批实验学校，进一步加强了幸福教育办学思想的整体构建和系统建设。东北师范大学教育学部专家团队持续入校指导，推进学校幸福教育办学思想的全面改进和提升。

2018年4月19日，东北师大专家团队入校考察指导

2019年4月11日，东北师大专家团队入校指导

2019 年 3 月 6 日，朱辉校长在"生态教育理念下
区域学校改进项目研修论坛"上发言

  2018 年，《吉林教育》（教学版）在封底封面对学校进行整体宣传。学校关于幸福教育的系列文章在《吉林教育》上发表。2018 年，朱辉校长撰写的论文《关于幸福教育的思考与实践》、撰写的报告《以幸福的教育培养幸福的人》获得全国教育科学"十三五"教育部规划课题成果评审一等奖。2018 年 7 月，吉林省教育科学"十三五"规划课题"生态理念下的幸福教育实践"立项。学校被评为"全国旱地冰球实验学校""长春市防震减灾科普示范校"。2019 年 3 月，学校被教育部办公厅评为"2018 年度网络学习空间应用普及活动优秀学校"。2019 年 11 月，学校被教育部科技司、中央电教馆评为"全国中小学校长、骨干教师网络学习空间人人通专项培训基地学校"。2019 年 12 月 4 日—6 日，学校承办了教育部科技司、中央电教馆组织的 2019 年全国中小学骨干教师"网络学习空间人人通"专项培训班的培训任务，对来自山东、甘肃等 5 省的 170 名英语和道德与法治学科教师进行了培训，开展了学校经验分享和课堂教学研讨活动。

2019 年 12 月 5 日，曙光小学朱辉校长在教育部科技司、中央电教馆组织的
2019 年全国中小学骨干教师"网络学习空间人人通"专项培训班上进行学校经验分享

2019 年 12 月 5 日，曙光小学朴明玉老师在教育部科技司、中央电教馆组织的
2019 年全国中小学教师"网络学习空间人人通"专项培训班上进行课堂教学汇报

学校先后被评为"教师部 2018 年度网络学习空间应用普及活动优秀学校"
"全国中小学校长、骨干教师网络学习空间人人通专项培训基地学校"

2013 年学校提出幸福教育办学理念伊始，对为什么实施幸福教育，什么是幸福教育等问题缺乏理性的思考。从 2018 年开始，在东北师大专家团队的指导下，我们热情投入，积极改进，实现了"三个结合"。

一是进行广泛阅读学习，实现学习与实践的有效结合。柳海民教授说，"要多学习多读书。""经历了痛苦、挑战和超越，才能收获幸福。"我们项目团队先后阅读了专家组给我们提供的约 60 篇文章，还有学校购买的《幸福之路》《重塑幸福》等近 50 本书籍，从广泛阅读中寻找理论支撑，寻找实践依据，寻找破解方法，使思想认识得到提升，知识体系得以丰满，行动能力得以提高。

二是进行多角度追问，实现历史与文化的有效结合。以"追寻历史的光阴"为主题，开展离退休教师及在校教师访谈活动，探寻学校历史发展中的文化信息，收集学校发展历程中的动人故事。组织全校教师开展"践行生态理念实现幸福理想"沙龙。在上下追问和深入研讨中，沿着学校历史文化的足迹，找寻学校发展的内生力量。

三是进行反复整合梳理，实现行动与研究的有效结合。每次东北师大专家团队深入，学校都特别重视，希望通过不同内容的展示活动，让专家们更深入地走近和了解我们。从课堂教学到主题活动，从参观展示到参与互动，一次次的思想碰撞，一次次的智慧展现，一次次的精神融合。专家离开后，我们会反复研究现场录音录像，及时梳理专家的想法意见，经过再讨论确定下一步工作思路，在实践中落实具体改进措施，这样的及时跟进确保了改进计划的顺利进行，使学校的幸福教育办学理念内涵更加丰富，幸福教育思想体系更加完善，幸福教育文化表达更加准确。

三、核心主张

作为人生的一种价值追求，幸福是人自觉行为与目的行为的联结。幸福应当成为教育的目的，好的教育可以增进个人幸福和公共幸福。儿童阶段是身心生长最重要的阶段，也是人生中最幸福的时光，教育所能成就的最大功德是给孩子一个幸福而有意义的童年，为他们幸福而有意义的一生奠定良好的基础。我们希望孩子学会从正确的做事中获得幸福，从满足自己的灵魂需要中获得幸福。[1]

1. 幸福之思想渊源

许慎在《说文》中讲到，"幸"字是"吉而免凶也"，本义是幸福、幸运。《小尔雅》中说"非分而得谓之幸"。甲骨文的"福"字表示以酒祭神，以求降福。"福"字是我国最古老的文字之一，在甲骨文中就曾出现，是装酒器具在神前的形状，因为古人用酒象征生活富裕。现在的"福"字，由"示、一、口、田"组成。"示"，指神祇；"田"，指耕地、打猎；"一"字，《说文》解释说："一，惟初太始，道立于一，造分天地，化成万物；口，人所以言食也。"在这个"福"字上，寄托了老百姓祈求得到田地，以满足温饱需求的愿望。"幸福"即祈望得福。《尚书·洪范》中就提出了"五福"，即"一曰寿，二曰富，三曰康宁，四曰攸好德，五曰考终命。"从我国文化传统来看，历来有春节贴"福"字的风俗，一直流传至今。可见，人们对好运气、好事情、好生活的向往，从未改变。民间还有将"福"字精描细做成各种图案的，图案有鲤鱼跳龙门、五谷丰登、龙凤呈祥等。人们希望小孩子多吃苦才能惜福，穿百家衣，吃百家饭，希望青年和中年人多创造幸福，到了晚年才能享受幸福。

尼尔指出，生活的目的是寻求幸福；威廉·詹姆斯指出，人类主要关心的东西就是幸福；亚里士多德认为，幸福是终极的和自足的，它是行为的目的；等等。

[1] 内尔·诺丁斯.幸福与教育[M].龙宝新译，北京：教育科学出版社，2014：31.

显然，以服务于人的生活为使命的教育活动，自然也要以人们的幸福生活为使命。[1]
现代心理学如此描绘幸福："幸福是人们在一定物质生活和精神生活中，由于感受或意识到自己预定的目标和理想现实接近而引起的一种内心满足。"积极心理学创始人之一哈佛教授泰勒·本·沙哈尔在《幸福的方法》中提到："幸福是人类的终极目标，幸福是快乐与意义的结合。"[2]

提到幸福，总会让人想起满足、快乐、美好等字眼。满足是人的欲望和需要得以实现时的一种感受和心理状态。快乐是精神上的一种愉悦，心灵上的一种满足，是由内到外感受到一种非常舒服的感觉。美好，指美丽的东西让人身心舒畅，更好地生活。幸福，跟以上这些词语都有联系，又不完全相同。幸福是在不幸之中解脱和以后与之形成对比才能感觉得到的。幸福是指一个人的需求得到满足而产生长久的喜悦，并希望一直保持现状的心理情绪，并不与快乐、满足、方便画等号。综上，我们认为幸福更倾向于是人生的一种价值追求，是人自觉行为和目的行为的联结，表现为"什么是美好生活"追求的幸福感，是关乎人生的意义以及现实生活、理想、需要的情感体验，是人的身心健康和谐、人格充盈完满的状态，是快乐与意义、创造和享受、个人幸福和社会幸福、物质生活幸福和精神生活幸福的统一。

幸福包含着积极的、感恩的、共享的情感，更包含着祝福、惜福、造福的意义。教育具有启蒙、祛魅、看到光明和希望，使人积极行动起来、不断发展的作用，更能教人学会珍惜，珍惜各种成长的机会和条件，对学校、社会、国家产生更多更深的认同感、归属感，并升华为感恩的情感，感恩亲情，感恩老师，感恩学校，感恩国家。幸福和教育的关系如下图：

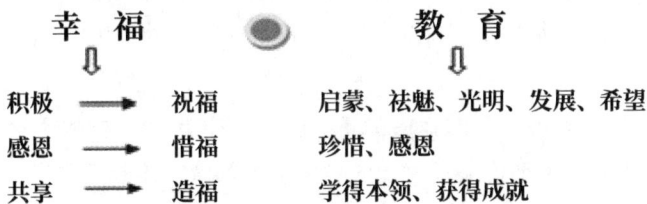

幸福和教育之间的关系图

由此可见，教育的目的是为了培养高度发展和完善的人，引导人追求幸福的生活。幸福作为人生的目的和权利，具有恒久而常新的意义，人们的一切行为无不都是追求幸福的行为，人类的发展史就是一部对幸福的追求与探寻史。幸福和教育

[1] 内尔·诺丁斯.幸福与教育[M].龙宝新，译.北京：教育科学出版社，2014：02.
[2] 泰勒·本·沙哈尔.幸福的方法[M].北京：中信出版社，2013.

密切相关。教育需要幸福，教育的目的、过程和结果都应该关涉幸福；幸福也需要教育，幸福的获得离不开教育的引领。父母最希望孩子得到的，往往是"自信""善良""健康"等，简言之，就是幸福；学校最希望孩子学会的，则往往是"成就""工作""考试"等，简言之，就是成功的方法。[1]

2. 儿童和幸福儿童

唐代诗人贺知章《回乡偶书·其一》"少小离家老大回，乡音无改鬓毛衰。儿童相见不相识，笑问客从何处来。"《列子·仲尼》："闻儿童谣曰：'立我蒸民，莫匪尔极。'"唐代诗人杜甫《羌村》诗："兵革既未息，儿童尽东征。"儿童时期处于人生的关键时期，这个时期对儿童的培养直接影响着人的一生，知识、思想、价值观、世界观等等在这个时期都处于一个启蒙阶段，所以对儿童的培养受到了家长和社会各界的重视，儿童的培养关乎一个家庭、一个民族、一个国家的前途和命运。从儿童的成长发展规律看，6~12 岁是儿童心理发展的黄金时期。1925 年 8 月，世界 54 个国家的代表，聚集在瑞士日内瓦举行"儿童幸福国际大会"，发表了爱护儿童、保障儿童福利的宣言。

儿童幸福与满足儿童的需要有关。同成人一样，儿童有多种多样的需要，正当的需要得不到满足的儿童是不会幸福的。首先，生存的需要必须得到满足；其次，儿童幸福必须追求发展需要的满足。儿童幸福概念与快乐有关，快乐是儿童幸福的前提。儿童幸福与儿童的社会关系有关，被爱被理解被尊重，是儿童幸福的组成部分。因此，儿童的幸福应该是以自由为条件，以精神创造为基础，对物质需要、精神需要以及人际需要得以适当满足的一种心理体验。对儿童来说，不受任何阻碍地投入到自己的创造活动之中，并在创造的过程中获得一种积极的、快乐的心理感受，就获得了最大的幸福。

我们要培养的幸福儿童即幸福少年，就要尊重儿童独特的生命价值，敬畏儿童生命的每一步成长，努力关注孩子的自然生长、情感体验、内在幸福，在生长体验中激发起孩子对生命、对生活的热爱，让童年生活留下最美好的记忆，让儿童憧憬美好幸福的未来。通过实施幸福课程、幸福教学等，让孩子在学习与体验中享受幸福。学校教育要让孩子在课堂上感受幸福，要留给儿童美好的生活回味，激发起他们对未来生活的向往与热爱，为这个社会的和谐培育文明幸福的人，让每个人都能快乐幸福地度过自己的一生。

---

[1] 马丁·塞利格曼. 持续的幸福 [M]. 赵昱鲲，译. 杭州：浙江人民出版社，2012：75.

3. 幸福教育内涵

幸福教育的理念内涵是"育造福之能，做幸福之人"。

（1）幸福教育是一种生命性教育，在于促进人的生命样态的美好成长

"幸福"一词承载着人们无限的美好期盼和向往。幸福教育不仅是一种以幸福为导向的人性教育，更是一种以幸福为导向的生命教育。它对人的幸福的关注并不是浅层的，而是深刻的，直达生命最深处。它要通过对人的至深幸福的关注，从根本上打破传统的身心二分的教育观念，将智力教育同心灵教育二者有机地结合起来，让人们不仅用头脑来接受教育，更是用心灵来感悟教育，从而通过对人的自身幸福的关注，使教育直达人的心灵世界，又以直达心灵世界的教育给人以幸福，拥有幸福就拥有了生命的意义。教育所倡导和促进的幸福就是人生价值实践过程中的精神状态，也是人的精神实现优秀或卓越发展的心灵状态。教育只有引导人过有价值的生活，才能促进人的幸福，亦即教育的幸福是快乐与人生意义的统一体。

幸福是人生命本质的体现，是对生命的一种精神超越，就是一个人要合乎自然，顺从物和人的天性。既然幸福是生命的一种自然展现，那么幸福教育就不应教人追求外在于人本质的东西，而应教人保持身体的健康和心情的愉悦，使人在一种合自然的教育状态中来体验生命的美感和境界。一方面，幸福教育应遵循受教育者的自然天性。中国孔子的"有教无类""因材施教"的教育思想和道家推崇的"道法自然""率性而行"的教育价值观都强调了这一道理。法国著名思想家卢梭也认为，"自然的道路就是幸福的道路"[1]，教育要"归于自然"，要尊重个体在教育过程中的主体地位，杜绝灌输、压制、强迫的教育方式，依循教育对象的天性，释放他们的潜在能量，培养独立自主和自由的人。一句话，"教育只能根据人的天分和可能性来促使人的发展，教育不能改变人生而具有的本质"[2]。另一方面，幸福教育应关注生命的发展，指向人的终极关怀，实现生命价值的提升。人的生命可以分为生物性生命、精神性生命、价值性生命三个层次。人之所以为人就是因为他在生物性生命的基础上有精神追求，从而在价值层面超越自我。"教育是人的灵魂的教育"[3]，是"使人获得能够真正像一个人一样生活的丰富的精神世界"[4]。所以幸福教育不仅仅在于生存能力的培养，更在于使人认识生命的本质，理解生命的意义，创造生

[1] 卢梭.爱弥儿（上）[M].李平沤，译.北京：商务印书馆，1978：676.

[2] 全国十二所重点师范大学联合编写.教育学基础[M].北京：教育科学出版社，2008：37.

[3] 雅斯贝尔斯.什么是教育[M].邹进，译.北京：生活·读书·新知三联书店，1991：4.

[4] 霍姆林斯基.学生的精神世界[M].吴春荫，林程，译.北京：教育科学出版社，1981：2.

命的价值，是一种超越生命、提升生命质量、获得生命价值的教育活动。学校教育作为影响受教育者身心发展的社会活动，不仅承载着为每位学生幸福人生奠基的使命，还担负着建设幸福中国、和谐社会的历史任务。如此，学校不仅要为国家培养掌握专业技术的有用之才，而且要为社会培养享有幸福人生的公民。从这个角度来说，学校教育的价值只有植根于"人生幸福"或"美好生活"，才能实现"幸福中国"的伟大梦想。

（2）幸福教育是一种生态性教育，尊重人的自然发展规律

苏霍姆林斯基说："要相信孩子，从儿童进学校的第一天起，就要善于看到并不断巩固和发展他们身上所有好的东西。"卢梭说："要尊重儿童，不要急于对他做出或好或坏的评判。"所以，学校教育首先要从儿童天性出发去设计和规划教育教学活动，教师更是要从尊重每一个学生的自然本性出发去引导他们的学习和生活。柏拉图认为，在现实世界中，人为了得到幸福，必须追求美好的品德，只有具有美德的人才会是幸福的人。

幸福教育的"生态性"，充分体现了以师生的幸福生活为核心，包括两层含义：一是"以学生的幸福生活为本"。幸福教育让学生在教育过程中感知幸福、理解幸福，最大限度地培养其幸福能力，打造其幸福生活。二是"以教师的幸福生活为本"。教师是学校发展的主体，学校应让教师充分认识到幸福的"教"的价值及个体在其中承担的任务，引导教师将教学幸福与个体的专业成长、生命价值联系起来，并在此基础上提升教师的课程开发能力和课程创生能力，引导教师把个人的课程理想付诸教学实践，使其在创造性教学活动中体会到教育的乐趣。

（3）幸福教育是一种持续性教育，指向人的终身发展

为孩子们找回幸福、重建幸福的学校生活是时代赋予的神圣使命。幸福教育的持续性在于促进人的社会性得到全面实现。教育应该在一种自由、民主、平等、和谐的社会关系中进行，在生活和学习中培养学生的合作互助精神，促进人的个性化和社会化共同发展，培养德、智、体、美、情全面发展的人，树立他们的社会责任感，使其成为符合社会发展需要、有担当的人。幸福教育更要与劳动实践相结合。教育本身就是一种创造性的实践活动，"生产劳动同智育和体育相结合，它不仅是提高社会生产的一种方法，而且是造就全面发展的人的唯一方法"[1]。

幸福教育的目标是让师生察知幸福、追求幸福、体验幸福。树立正当幸福观

---

[1] 马克思，恩格斯 . 马克思恩格斯选集 (第二卷)[M]. 北京：人民出版社，1995：212.

是前提，培养学生的幸福能力是关键，形成学生的幸福品质是目标，只有这样才能使他们成为一个懂得幸福、追求幸福、享受幸福的人。一个人如果对他人不善，在一定意义上也是对自己不善。一个幸福的人，一个活得欣欣向荣的人，必然与他人有一个和谐的共同生活，必然善待他人，或者说，善待他人，本身就是其活得好的一个重要标志。从这个角度看，人们在追求幸福的过程中，也在实现着道德，追求幸福的过程，同时也是一个涵养道德的过程。

①察知幸福。幸福教育是一种为了幸福、面向幸福的教育，让师生察知幸福就是帮助师生形成对幸福的知觉与审视，达成对幸福的"知"，形成正确的幸福观。洛克认为，只有顾及他人和社会的幸福，个人才能得到真正的幸福和快乐。培根认为，只有能够利人、爱人，为公共利益和他人的幸福尽职尽责的人才是真正幸福、快乐的人。

教育过程本身就是一种幸福，良好的教育有助于形成正确的幸福观。幸福观就是对生活与境遇的一种体验与感受、理想与追求。幸福观与德育观、"三观"（世界观、人生观、价值观）、心育观相关。关系德育观，进行幸福教育就是进行道德教育；关系"三观"，进行幸福观教育就是进行"三观"教育；关系心育观，进行幸福观教育就是进行心理健康教育。克劳宁格指出："有德行的生活和无限的爱才能带来持久的幸福，使人感到越来越安宁和愉悦。"[1] 因此，幸福必须建立在遵守道义、遵规守纪、勤奋学习、努力奋斗的基础上，不劳无获或伤害别人都不能获得真正的幸福。人们在日常生活中言其生活是否"幸福"或日子过得怎么样时，既可能指的是一种客观的幸福状态，也可能指的是一种主观的感受——幸福感。由于每个人的价值观、生活经历和对幸福的感知水平不一样，致使幸福感具有很大的相对性，不同的人对幸福的感受可能完全不一样。幸福感是建立在一定社会心理条件下，以价值判断为基础，个体对来自环境或自身的心理刺激所产生的一种心理状态。幸福感趋向于主观性、个体性、具体性，是具体生活中的单个人对其生活现实状态的感受能力。但生活在幸福中的人并不一定都能感受到幸福，这一方面是因为个体价值观念的偏离，另一方面是因为个体对幸福感受能力的缺失。所以，幸福感除了要具有客观的满足人的需求的状态以外，还需要主体的价值观以及主体的自觉意识能力。

[1] 毕淑芝，王义高 . 当今世界教育思潮 [M]. 北京：人民教育出版社，1999：62.

　　幸福教育从教育的目的来看是使学生求"真",开发学生的心智,提高理性思维能力,使其能更好地认识世界,为明天更好地改造世界、创造幸福,为成人的幸福生活打下坚实的基础;是让学生向"善",具有"善"的情感,并培养其感受"善"的能力,同时还熏陶学生具有主动传递"善"的自觉意识;是在为自己创造幸福生活的同时,也为他人创造幸福,为他人服务。

　　②追求幸福。教育的最终目的是为了人类更好地生存,即为了人类的幸福生活,必然地,以发现幸福、创造幸福、享用幸福为核心的幸福能力的培养在幸福教育中占据举足轻重的作用,幸福教育是一种生命性教育,在于促进人的生命样态的美好成长。追求幸福是人的一种"本能",幸福追求也可以说是一种"本能追求",当然,这种本能不是生理本能,而是一种生命本能、精神本能。从价值论上看,获得幸福,生活得好,将人的生命力完美发挥出来,达到一种光辉灿烂的状态,对人来说无疑是一种善,甚至可以说是"最高善"。幸福是现在的,也是未来的,具有未来属性,是驱动人们超越现实走向未来的强大力量。

　　人们可以在现实中体验到幸福,但在幸福观念的映射下,现实永远都是不完美的,幸福是对行动的召唤,作为完满生活的幸福是"进行时",但更是"未完成时",因为现实生活总是不完满的,我们需要在这种不完满中去追求并创造完满。幸福追求,不仅为我们提供了足够的行动动力,更是直接召唤着行动,激发并促成着人性的完满实现,最大可能地发挥着人类的潜能,使人类一步步走向卓越。

　　③体验幸福。体验幸福就是使师生愉悦,产生美好的主观心理体验,形成师生之间心与心的融通;追求幸福就是教育师生珍视自己的人生,珍视自己的精神追求,生活得有情趣有意义有价值,通过内心的感悟达成心灵的建构,并从中体验幸福,激发对幸福的追求。

　　幸福教育的实施致力于学生能力的培养及其核心素养的形成。首先,培养学生终身的学习能力。幸福教育着眼于学生能力发展和个性培养,使学生在离开校园之后仍坚持在勇于探索、实现自我的道路上前行。其次,培养学生持续的创造能力。幸福教育以崇高的精神生活指引学生的学习,把学生的学习活动转换成充满欢乐、创造性地发挥自己能力的过程,使其在创造过程中超越小我、实现大我。最后,培养学生广泛的实践能力。幸福教育通过优化培养目标和调整课程结构等促进学生知行合一,提升学生的动手实践能力和解决问题的能力。

四、思想体系

我们以"尊重天性，滋养幸福"的精神核心为引领，创建师生眷恋的幸福学校：一个个阳光向上、信心满满的幸福学生，一位位优雅亲切、学识丰盈的幸福教师，一个温暖、雅致、让人无比眷恋的幸福学校。

1. 办学宗旨：办一所师生眷恋的幸福学校

"眷恋"一词，语出三国魏曹植《怀亲赋》："回骥首而永游，赴修途以寻远。情眷恋而顾怀，魂须臾而九反。"著名苏联教育家苏霍姆林斯基说："在回忆起学校的铃声和你的课桌时，在回忆起教科书和肃静的课堂时，要让那激动和崇敬的感情一辈子保留在你的心里。在长大成人路过学校时，你们要摘下帽子，带着爱恋和感激的深情，怀念在学校里度过的岁月。"[1]学校是师生充满美好回忆的地方，凝结着师生绵长深远的情谊，不但喜欢而且深深眷恋。

对学生而言，六年的小学生活，为学生的幸福成长奠基，更为学生留下一生难忘的回忆，对学生时代的怀念、对母校的怀念会不断增加人生的幸福感。对教师而言，几十年工作的单位，更是收获幸福的重要地方，更能让教师获得认可感和成就感，让教师深深依恋。对家长而言，好的学校同样让他们放心、舒心。一所幸福的学校，就像一个幸福的大家庭，让大家彼此相亲相爱，荣辱与共。

2. 育人目标：尊重天性，发展个性

《中庸》有云："天命之谓性，率性之谓道，修道之谓教。"天赋予人的禀赋是"性"，遵循天性而行动称为"道"。教育要遵循教育对象本来所具有的身心发展规律和特点，倡导顺其自然、因其固有。天性，就是儿童的先天属性，是自然对儿童发展的规定性，它包括儿童先天的主观愿望、欲望、好奇心等自然生长的力量。儿童的发展规律也与自然一样，教育要遵循儿童心灵发展的自然秩序，合理的教育就应遵循儿童发展的自然进程。尊重儿童天性，就是强调教育要遵循儿童身心发展规律的原则，使儿童体会到成功的"鼓舞"和"喜悦"。每个儿童都是一个独特的生命体，会有差异和不同，成人首先要做的就是接纳并尊重学生的个性，并在教育过程中，促进儿童个性与群体的共性的生态和谐发展。从一定意义上说，儿童个性发展就是自我和人格发展。由于每个儿童的个性差异，需要成人在接纳并尊

---

[1] 蔡汀. 走进教育家苏霍姆林斯基——妙语箴言、教育佳篇、系列教诲 [P]. 北京：教育科学出版社，2007.

重学生的个性的同时，促进儿童个性与群体的共性的生态和谐发展。只有共性的教育会使个性泯灭，只要求个性化就会没有了世界的统一。只有共性教育和个性教育完美结合才能发挥人的最大能量。

3. 教育精神：至善至美，追求幸福

人的一生都是在追求幸福的过程，是在追求至善至美的过程。善良、谦和、仁爱是道德品质，是内在气质的外显，美丽的形象、美好的生活是要达成的目标。

4. 校训：和谐育人，创造幸福

教育的复杂性决定了需要各个因素的和谐一致，需要社会、家庭、学校等协同合作，才能促进教育的优质发展，让教师在教的过程、学生在学的过程中去创造幸福、收获幸福。

5. 校风：自主自信，感恩共享

自主自信是幸福学生的外在表现，更是优良的意志品质。自主是学生要具备自主学习、自主活动、自主成长的能力，自信地面对学习和生活中的一切情况。感恩共享，是幸福教育要让学生具有感恩的情怀，感恩家人，感恩学校，感恩社会，感恩国家，并带着这样的情怀幸福成长，学会分享与协作。

6. 教风：儒雅仁爱，勤谨博学

儒雅既指教师的风度气质，也指教师要学问渊博，只有学识深湛，才能真正做到气度温文尔雅。仁爱是儒家思想的核心和基础，希望教师具有宽容慈爱、爱护关心学生的情感。勤谨博学是希望教师要勤奋努力，这样才能获得专业上的发展，更要谨慎精心地对待教育教学工作。

7. 学风：好学善问，律己乐群

好学善问指向学习品质，更是影响学生一生的学习习惯。律己乐群，是要求学生在严格约束自己的同时，团结同学，形成良好的伙伴关系。

五、文化表达

一所幸福的学校像一棵枝繁叶茂的大树，温暖、舒展，给师生自然的状态和幸福成长的空间。在这种样态下，教师的幸福是物质需求、精神需求和心灵需求不断得到满足。学生的幸福不仅是当下的，更是面向未来的。让师生每一天过着幸福的日子就是学校幸福文化的样子。

1. 校标（Logo 及其内涵）

曙光小学 LOGO

学校的 logo 是太阳花，因为曙光和太阳相依相生，有太阳才有绚烂的曙光。"太阳花"象征着光明、阳光和积极向上。"曙光"是指破晓时的阳光，比喻已经在望的光明前景。每天光明到来和盛开的太阳花一样，预示着无限生机和希望，也代表着学校希望师生如朵朵太阳花一样，不畏困难，勇于拼搏，收获芬芳满园的春天。

2. 校徽

曙光小学校徽

（1）内涵

校徽由文字和图标组成。校徽 logo 整体简洁、时尚。整体效果十分清新雅致。

（2）颜色

校徽主题色彩为绿色，就像每天的曙光一样，代表光明、温暖和希望，给人积极向上的力量。

（3）纹饰

校徽最外侧选用了两个同心圆，象征教师和学生同心同力的理念。纹饰上有一只幸福鸽，利用渐变的效果，将幸福鸽变得更加有立体感和空间感。幸福鸽代表着希望和友好，也代表着正在成长的幸福少年，与主题色相互呼应。幸福鸽头顶的"1963"，为曙光小学的建校日期。在幸福鸽的不断前进和飞翔下，曙光小学将会走向越来越广阔的天地。

3.校旗

校旗由校徽和校名组成，主色调为绿色，代表无限希望和蓬勃向上的力量。

曙光小学校旗

4.校歌

曙光小学校歌

5. 环境创设

曙光小学正厅　　　　　　　　　　　曙光小学大门

从审美的角度表达教育更容易看得到教育的"初心"：引领孩子向爱而生、向美而生。以审美引领，把校园打造成孩子喜欢的样子——外显知识的温良敦厚，内化身心的自由舒展，呈现情境的静谧和启迪，承载儿童内心的浪漫和柔软……既能给儿童提供身心的庇护，又能提供爱与美的滋养。学校的空间应该回到其本身的状态，把情感、关怀、成长融入校园设计的每一个角落，让学校中的人与人、人与空间的关系丰富起来，在潜移默化中达到熏陶成长的作用。学校在校园物质环境中植入幸福教育的思想，营造出浓浓的文化意蕴，切实提升师生的校园生活质量。

整体调整公共空间的风格，在色彩、质感、情境等方面多一些和谐。修建"我的幸福瞬间"长廊、师生最美笑脸墙、传统文化长廊、读书长廊以及各种宣传画廊等，让每一面墙壁会讲故事，会讲孩子们自己的故事。为孩子们创造更多展示的空间，处处体现他们的成长足迹，让学生影响学生，打造"幸福像花儿一样"的物质文化。

楼道里，用艺术手法巧妙地呈现孩子的原创作品，让童趣和孩子的成就感替代标语规章制度，在经意和不经意间促成孩子的自觉和自律，通透而纯粹，实现不言而喻的文化魅力。手工灯笼、彩绘脸谱、手绘纸扇、毛线粘贴画、儿童画等，让孩子在作品创作和展示中获得幸福感。

操场上增加了一些有自然质感的休闲设施，木制长廊、长椅等，让来自大自然的素材带给孩子更多安全、可靠、亲切的陪伴，调整教室的格局，增加色彩明快的储物柜和架子，撤销讲桌，让教室更温馨、平等、民主。

总之，从审美的角度认识、理解、感知和评判教育，既能客观评判儿童在校园里的存在状态，更能直观、显性评判教育者的初心、情怀和教育表达。

曙光小学师生笑脸墙

学生美术作品墙

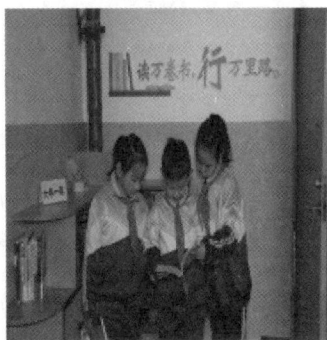

走廊文化墙图

学生读书角

学校正厅学生作品展示区

第二章

幸福课程

　　"课程"一词在我国始见于唐朝。唐朝孔颖达为《诗经·小雅·巧言》中"奕奕寝庙，君子作之句"作疏："维护课程，必君子监之，乃依法制。"宋代朱熹在《朱子全书·论学》中多次提及课程，如"宽着期限，紧着课程"，"小立课程，大作工夫"等。现代广义的课程是指学校为实现培养目标而选择的教育内容及其进程的总和，它包括学校老师所教授的各门学科和有目的、有计划的教育活动。

　　从课程开发的主体来看，可以将课程分为国家课程、地方课程与校本课程。国家课程亦称"国家统一课程"，它是自上而下由中央政府负责编制、实施和评价的课程。地方课程介于国家课程与校本课程之间，是由国家授权，地方根据自身发展需要开发的课程。校本课程是由学校全体教师、部分教师或个别教师编制、实施和评价的课程。

一、课程理念

　　依据学校"幸福教育"的内涵"育造福之能，做幸福之人"，曙光小学的"太阳花"课程理念是"让每个孩子沐浴幸福的阳光成长"。从儿童出发，努力构建促进师生共同成长、促进学校持续发展的学校课程体系。

　　尊重学生的天性。教育要适应学生天性的发展、顺应人的天性的自然发展，才能真正做到促进学生的全面发展，达到教育的目的。同时，学生是课程的主角，课程建设要遵循学生的年龄特点和成长规律，尊重学生天性，让课程花园百花齐放。

关注学生的个性。美国教育心理学家加德纳有一句名言："每个孩子都是一个潜在的天才儿童，只是经常表现为不同的形式"。的确，每个孩子都有自己的天赋，因而就会有不同的需要。学校开发的60余种丰富的校本课程，让孩子们能按照自己的兴趣爱好、特长、天赋进行选择性学习，张扬个性，发展特长。

贴近学生的生活。校本课程开发的直接目的是要让学生受益，为学生生动活泼的发展创造条件。贴近当地社会实际，使学生的学习兴趣大增，激发学生主动参与学习的内驱力，让孩子们感受到参与是幸福，实践是幸福，体验是幸福，游玩是幸福，满足了学生成长的需要，诠释"生活即课堂"的真谛。

促进教师的成长。我国古代著名思想家、教育家韩愈成在《师说》中写道："古之学者必有师。师者，所以传道授业解惑也。"学生的成长、成才离不开教师的教授和解惑，教师是学校课程开发与实施的主力军。"一班一品百花齐放"的班本课程，发挥了教师的特长优势，让每位教师"人尽其才"，为教师的专业化成长搭建舞台。

推动学校的发展。课程是学校内涵发展的核心领域，课程特色就是学校的办学特色。将幸福教育理念融入教育教学的实践之中，不仅提升学生综合素质，为学生未来发展和幸福人生服务，也是整体提升学校办学水平的着力点。

二、课程目标

习近平总书记在全国教育大会上明确提出：坚持中国特色社会主义教育发展道路，培养德智体美劳全面发展的社会主义建设者和接班人。要教育引导学生树立共产主义远大理想和中国特色社会主义共同理想，要在厚植爱国主义情怀上下功夫，让爱国主义精神在学生心中牢牢扎根，教育引导学生培育和践行社会主义核心价值观，踏踏实实修好品德，成为有大爱大德大情怀的人；要在增强综合素质上下功夫，教育引导学生培育综合能力，培养创新思维；要树立健康第一的教育理念，帮助学生在体育锻炼中享受乐趣，增强体质，健全人格，锻炼意志；坚持以美育人，以文化人，提高学生审美和人文素养，陶冶高尚道德情操，塑造美好心灵；要在学生中弘扬劳动精神，教育引导学生崇尚劳动、尊重劳动，懂得劳动最光荣、最崇高、最伟大、最美丽的道理，长大后能辛勤劳动、诚实劳动、创造性劳动。

1.课程总体目标

培养有道德修养，有知识见识，有健康身心，有审美情趣，有劳动品质的幸福少年。

2. 课程分段目标

培养目标	课程目标		
	低年段	中年段	高年段
道德修养	文明礼貌，诚信友善，具有良好品德和行为习惯。乐于探究，热爱生活	自尊自律，宽和待人，孝亲敬长，有感恩之心，懂得做人的道理。乐于参与社会，学会自我管理，形成道德情感和道德意识。初步掌握认识社会事物和现象的方法，能够观察社会和感受社会。具有国家意识。尊重中华民族的优秀文明成果	树立积极向上的人生观，形成道德判断和行为选择能力。具有主动适应社会和积极参与社会的能力，能够探究社会。热心公益和志愿服务，具有团队意识和互助精神；具有规则与法治意识，热爱并尊重自然，具有绿色生活方式，理解、接受并自觉践行社会主义核心价值观，能传播、弘扬中华优秀传统文化
知识见识	掌握低年段各学科的基本知识和基本技能。能正确认识和理解学习的价值，具有积极的学习态度和浓厚的学习兴趣，乐于动脑，热爱学习，具有好奇心、想象力和良好的学习习惯。掌握适合自身的学习方法；能自主学习	掌握中年段各学科的基本知识和基本技能，善于质疑，具备独立思考、学会学习、语言表达的素养。能理解和掌握基本的科学原理和方法。能不畏困难，有坚持不懈的探索精神；能大胆尝试，积极寻求有效的问题解决方法等。具有对自己的学习状态进行审视的意识和习惯。调整学习策略和方法等	掌握高年段各学科的基本知识和基本技能，具备逻辑推理、信息加工和文字写作的素养，能够勇于探索、大胆尝试、创新创造，具有创新思维，养成终身学习的意识和能力。积累一定的古今中外人文领域基本知识和成果。能运用科学的思维方式认识事物、解决问题、指导行为，具有问题意识；能独立思考、独立判断；思维缜密，能多角度、辩证地分析问题，做出选择和决定，具有终身学习的意识和能力

续表

健康身心	具有参与体育活动的兴趣，热爱生活，热爱生命，养成良好的卫生习惯，初步形成克服困难的意志品质	热爱体育运动，掌握适合自身的运动方法和1项体育技能，养成坚持体育锻炼的习惯，理解生命的意义和人生价值；具有安全意识与自我保护能力；具有卫生防护技能，养成健康文明的行为习惯和生活方式。增强战胜困难的信心	积极参与特色体育活动，身体素质好，至少掌握2项体育技能。具有积极的心理品质，自信自爱，坚韧乐观；有自制力，能调节和管理自己的情绪，具有抗挫折能力，能正确认识与评估自我。学会与他人合作，懂得尊重、维护人的尊严，能关切人的生存、发展和幸福，形成积极进取、乐观开朗的生活态度
审美情趣	对艺术充满兴趣，乐于参与艺术表现和即兴创造活动，开发艺术潜能，体验艺术活动的乐趣，了解中华民族文化艺术，具有感知美的能力和美好的情操	喜爱艺术，具有发现、感知、欣赏美的意识。具有艺术表达和创意表现的意识。积极参与艺术活动，掌握音乐、美术等艺术的基本知识，至少掌握1项技艺。乐于进行艺术创作、表演和展示，养成鉴赏艺术的良好习惯，具有初步的艺术想象和创造力，形成健全的人格	对艺术充满广泛的爱好，积极参与艺术特长表演，至少掌握2项技艺，积累一定的艺术知识、技能与方法，能理解和尊重文化艺术的多样性，具有艺术感受与鉴赏能力、表现能力和创造能力，养成健康向上的审美情趣。热爱中华民族文化艺术，具有爱国主义情怀和健康的审美价值取向。能在生活中拓展和升华美
劳动品质	尊重劳动，具有积极的劳动态度和良好的劳动习惯，掌握生活中基本的劳动技能	热爱劳动，具有动手操作能力，掌握一定的劳动技能，形成不怕苦、不怕累的意志品质	主动参与家务劳动、生产劳动、公益活动和社会实践，学会使用工具、仪器，具有动手能力、合作精神和团队意识

三、课程体系

幸福课程的构建是基于基础教育三级课程管理体系，以国家课程、地方课程与校本课程形成相互补充、相互协调，我校所构建的课程体系坚持"以学生发展为

本"的原则，着重体现特色课程的特点，完善基础教育课程结构。

1. 课程图谱

上海中学的唐盛昌校长提出：所谓"课程图谱"，不只是着眼于现在，更重要的是着眼于学生将来的可持续发展，从学生、学科、学校、社会发展四个角度来分析社会与学生的需求，从而架构起有利于学生志趣聚焦、适应现代科技发展需要的学校课程体系。本文所说的课程图谱的基本语义是指，基于核心素养的学生发展需求，与学校共建共享的具有地方特征的特色课程体系。体现了以下特征：

（1）体现国家意志，及时吸收先进思想

从刚刚发布的《义务教育课程标准（2022年版）》和《义务教育课程方案（2022年版）》，明确了义务教育阶段培养目标。各门课程基于培养目标，将党的教育方针具体细化为学生核心素养发展要求，明确本课程应着力培养的正确价值观、必备品格和关键能力。进一步优化了课程设置，九年一体化设计，注重幼小衔接、小学初中衔接，独立设置劳动课程。与时俱进，更新课程内容，改进课程内容组织与呈现形式，注重学科内知识关联、学科间关联。结合课程内容，依据核心素养发展水平，提出学业质量标准，引导和帮助教师把握教学深度与广度。通过增加学业要求、教学提示、评价案例等，增强了指导性。

新修订的义务教育课程标准描绘了育人蓝图，增强了思想性，系统强化社会主义先进文化、革命文化、中华优秀传统文化等方面的教育；增强了科学性，遵循学生认知规律，注重与学生生活、社会实际的联系；增强了时代性，注重体现马克思主义中国化最新成果，反映经济社会发展新变化、科学技术进步新成果；增强了整体性，注重学段纵向衔接、学科横向配合；增强了指导性，加强了课程实施指导，做到好用管用。为义务教育优质均衡、高质量发展提供了有力支撑。

（2）彰显学校特色，不断积淀学校历史文化

学校课程建设与课程图谱建构需要紧密结合校情，即学校办学目标定位、学校特色与优势、学校历史文化积淀、校长办学情怀与思想表达、教师教学文化形成、学生个性发展成就等方面，不能复制照搬，更不能人云亦云。每一所学校都是不同的，有的是百年老校，有的是新建学校，文化积淀肯定不一样。有的学校年轻教师多，有的学校老教师多，教师的文化体现肯定不一样。有的学校校长倡导开放办学，

学校各项活动丰富多彩，有的校长注重细腻思考，学校处处体现无声的文化。这就需要在课程建设中密切结合本校的办学特色，弘扬学校的历史文化。更要坚持学校原创话语。基于校情的课程建设和课程图谱具有突出的原创性，个性，独特性，要有自己的话语体系，自己的个性风格。多开展基于教师培训及其课程的创造研究。课程开发是在学校中通过教师来实现的，教师是特色课程开发的主体，处于极为关键的地位。因此，加强教师的课程培训，发挥教师的专长（如学科优势、个人兴趣与特长等）优势，也是建设特色课程图谱重要的来源之一。

（3）基于学校改进整体，聚焦学校课程建设与课程图谱建构

每一所学校都是在不断地改进与发展中，也需要形成不同时期的明晰的学校改进整体规划；课程建设作为学校改进的重要内容；课程图谱是学校课程的简约直观表达。我们研究课程的目的之一也是为国家"双减"政策的落实和课堂教学改革开辟新的路径。学校课程建设过程是对学校课程蓝图的勾勒与践行过程，是学校整体发展与形成特色的核心，也是学校的一种常态生活和思考方式，全方位地反映着学校的办学思想。还要体现学校发展特色。特色课程建设要有逻辑感，离不开学校课程的整体规划。通过制定课程规划，可以反映学校历史和现实情况，可以反映办学特色和办学理念、课程理念，并把学校课程依据学生成长阶梯进行梳理，成为学校特色的载体。丰富的学校特色课程，可以成为区域课程图谱建设的重要来源。

（4）体现学生中心，满足学生发展的需要

以学生的实际需要为指导，从学生的个性特长、兴趣爱好、发展志向及心理水平出发，最大限度地促进学生的投入，激发学生的潜能。由于学生的学习兴趣不但有年龄阶段特征，而且有所属民族特性、区域经济特点、文化背景特色等，但各校大同小异，因此，按照学生的兴趣进行特色课程开发符合教育的本质。

（5）注重协同推进，充分发挥多元主体的功能

从教育的目标、存在及发展的客观依据上看，社会是课程资源的重要来源之一，教师和学生可以从身边挖掘优质课程资源，利用"在地文化"开发特色课程，例如利用公共图书馆、博物馆、展览馆、纪念馆、科技馆等贮存的丰富资料，实现课程资源的有效整合。

下图为曙光小学的课程图谱：

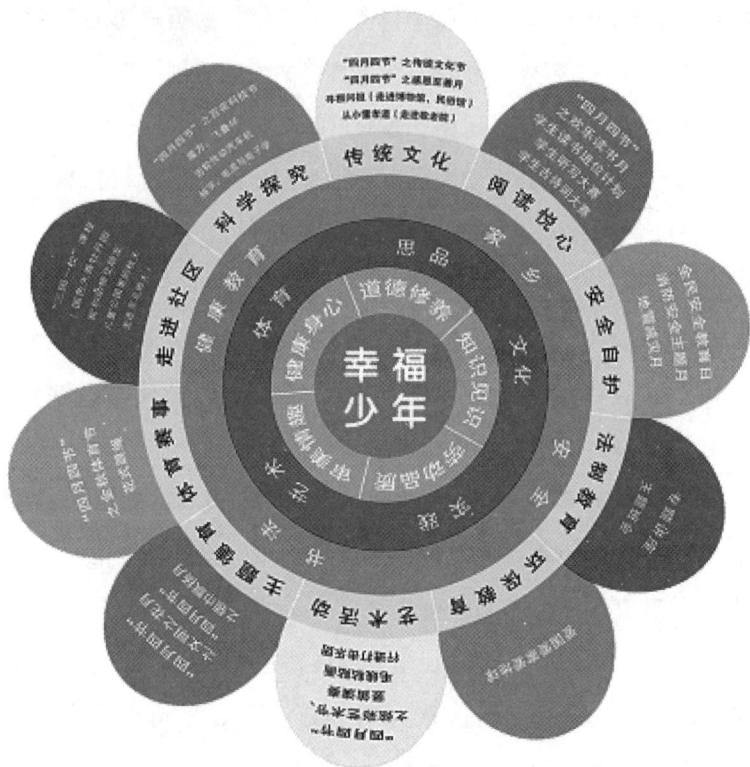

曙光小学"太阳花"幸福课程图谱

图谱的圆心部分是太阳的圆形，四周的花瓣就像太阳的光芒。花心体现了课程总目标，让每个孩子沐浴幸福的阳光，塑造幸福少年。第一个圆是学生发展目标，包括道德修养、知识见识、劳动品质、审美情趣、健康身心，第二个圆是国家课程的几大方面，第三个圆是地方课程，第四个圆是校本课程，花瓣是校本课程的具体内容。如传统文化课程，寻根问祖、传统文化节、从小懂孝道等课程内容，培养学生的家国情怀；再如走进社区课程，包括"三园一校"课程（动植物公园、牡丹园、儿童公园、东北师大），体现了对周边社区资源的整合，增进儿童与社会的联结，让学生倾听自然的声音，对城市建设更多了解；还有"四月四节"德育课程、"一班一品"班本课程等，促进儿童的多元、和谐发展，培养会生存、能担当、有健全人格的幸福少年。我们将这些课程融入全年的课程规划单当中，每个月的课程活动、负责人都特别清晰。

我校的校本课程以"太阳花"命名，是基于其丰富、积极的内涵："太阳花"的花语是向往光明、充满乐观、快乐与欣欣向荣，寄寓着曙光的莘莘学子在幸福教育的办学理念下，沐浴幸福的阳光健康地成长。"太阳花"课程的核心是培养有道德修养，有知识见识，有健康身心，有审美情趣，有劳动品质的幸福少年。

2. 课程架构

（1）国家课程

国家课程按照学科性质分为五大类：思品、文化、实践、艺术和体育。整体设置课程门类和课时比例，小学阶段强调综合课程的设置，注重体现课程的均衡性、综合性和选择性。

思品类课程：道德与法治、品德与社会学科。树立"以德树人"核心理念，体现课程改革中的综合化理念，课程设计和教学过程中重视体验教育，强调活动教学。

文化类课程：语文、数学、英语、科学学科。这四门学科根据学科特点，是国家标准中确定的基础内容，实施区域统考。

实践类课程：包括综合实践活动和信息技术。统筹综合实践活动和信息技术的安排和落实，信息技术学科强调与各学科的深度融合，培养学生的创新精神和实践能力。

艺术类课程：音乐和美术学科。致力于提高学生的综合素养，培养学生的艺术气质。

体育类课程：设置为体育学科。贯彻"健康第一"的原则，一至六年级设体育课，50米跑、跳绳、坐位体前屈、仰卧起坐等内容。统筹安排体育课和文体活动，增加学生参加体育活动的时间，并保证学生每天至少1小时的阳光体育大课间。

学校认真贯彻国家教育方针、政策，做到开齐课程开足课时，实现国家课程的全面落实，努力构建德智体美劳全面培养的教育体系。

（2）地方课程

地方课程包括四门学科，即：家乡、安全、书法和健康教育。着重引导学生形成适应现代社会生活所必备的态度、意识、能力，促进学生身心得到健康发展，帮助学生认识自我、适应社会、学会学习，形成健全的人格，为学生的终身发展和成功人生奠定坚实的基础。帮助学生了解我省的历史、地理、环境、民族文化、科学及社会发展等多方面内容，发展学生的历史意识、环境保护意识、科学发展意识、民族团结意识，培养学生了解家乡、热爱家乡、建设家乡的思想和社会责任感。

地方课程以国家课程标准为基础，在一定的教育思想和课程观念的指导下，充分利用地方课程资源而开发、设计和实施的课程，是对国家课程的补充。

（3）校本课程

20世纪70年代在英、美等发达国家，校本课程开始受到广泛重视。开发校本

课程，其意义不仅在于改变自上而下的长周期课程开发模式，使课程迅速适应社会、经济发展的需要，更重要的是建立一种以学校教育的直接实施者（教师）和受教育者（学生）为本位、为主体的课程开发决策机制，使课程具有多层次满足社会发展和学生需求的能力。我们的校本课程是在学校本土生成的，既能体现各校的办学宗旨、学生的特别需要和该校的资源优势，又与国家课程、地方课程紧密结合的一种具有多样性和可选择性的课程。

校本课程是我校重点研究的内容，以学校和教师为主体，开发旨在发展学生个性特长的、多样的、可供学生选择的课程。它包含传统文化、阅读悦心、安全自护、法制教育、环保教育、艺术活动、主题德育、体育赛事、走进社区、科学探究十大领域。

①传统文化类课程领域包括"四月四节"之传统文化节课程、"四月四节"之感恩至善月课程、寻根问祖课程（走进博物馆、民俗馆）、孝道课程（走进敬老院）等课程，全部都是以传统文化为主线开展的实践课程；②阅读悦心类课程领域包括"四月四节"之欢乐读书月课程、学生读书进位计划、学生听写大赛、学生古诗词大赛等活动课程；③安全自护类课程领域包括全民安全教育日、消防安全主题月、地震减灾月等安全主题课程；④法制教育类课程领域包括法制专题讲座、主题班会等主题课程；⑤环保教育类课程领域包括爱国爱家爱地球；⑥艺术活动类课程领域包括"四月四节"之炫彩艺术节活动课程以及合唱、竖笛、行进打击乐团、毛线粘贴画、儿童画、书法等艺术课程；⑦主题德育类课程领域包括"四月四节"之文明之花月、"四月四节"之领巾飘扬月活动课程；⑧体育赛事类课程领域包括软式棒垒球、旱地冰球、雪地球、地板冰壶、花式跳绳、武术进校园活动课程、"四月四节"之金秋体育节活动课程；⑨走进社区类课程领域包括"三园一校"（国色天香牡丹园、我和动物交朋友、儿童公园里的秋天、走进东北师大）课程；⑩科学探究类课程领域包括"四月四节"之百花科技节活动课程、魔方、飞叠杯、齿轮传动汽车机械学、电流与电子学等探究课程。

我们的校本课程是开放性的、多种多样的，在实施过程中，教师在实践、评估和总结过程中能力大幅度提升，学生更是课程的受益者，德智体美劳得到全面发展，这也是我们努力的目标，即着力培养既立于世界和全人类的视野、珍重本国传统，又理解异国文化、具有国际交往能力的新世纪人才。

四、课程实施

制定"太阳花"课程任务分解一览表和校本课程实施方案，支持课程有序进行。

基于十项校本课程的实施，我们重点倡导学生主动参与、乐于探究、勤于动手，培养学生收集和处理信息的能力、获取新知识的能力、分析和解决问题的能力，以及交流与合作的能力。

1. 实施原则

回归生活的原则。注重课程内容与现实生活的联系，强调自然、社会和人在课程体系中的有机统一，使自然、社会和人成为课程的基本来源。

统一性原则。任何国家的课程都有统一的要求，学校必须准确理解和把握国家和地方对课程实施的指导思想。

合理性原则。科学的教育应该在尊重学生的前提下，关注学生知识基础和能力素质的差异，关注学生的经验。

发展性原则。以学生发展为本，开发学生的多元智能，为学生发展兴趣爱好、个性特长提供广阔的空间。

实践性原则。树立"一切皆课程"的大课程观思想，结合生活，关注体验。在课程的实施中，孩子们走进社区、漫步场馆、欣赏牡丹、与动物交朋友……让孩子们感受到参与是幸福，实践是幸福，体验是幸福，游玩是幸福。

2. 实施方式

根据实际调整课程实施方式，由于课程内容不同，课程实施的年级、时段和实施途径都会有所不同。每一年课程的实施者在调整，在项目负责人的主持下，按照课程实施方案进行。在此基础上，项目负责人会对方案进行观测和调整，保障课程在有效实施中逐年优化。

课堂活动：通过班本课程、蓓蕾计划等途径，实施传统文化、艺术活动、安全自护、体育赛事、法制教育、环保教育等课程。

实践类活动：走进图书馆、社区、学校、公园等校外基地开展主题德育、科学探究、走进社区、阅读悦心活动类课程。

综合类活动：我们将校本课程的每一个项目与学校的学科课程整合，与校园文化活动整合，与学校办学特色整合。强调整合，凝聚特色，方法灵活。例如，以四个活动月、四个活动节的形式把日常的德育活动加以整合，使德育活动课程化；"国色天香牡丹园""儿童公园里的秋天""我和动物交朋友"和语文、音乐、美术、科学课结合，丰富孩子们的学习经历，满足不同学生的发展需求。

借助课题实施：开展课题研究，以课题促进校本课程的推进，促进教师能力的提升，学生的个性发展。

3. 条件与支撑

制度建设。成立校本课程开发研究领导工作小组，建立教育教学管理制度，将实践性活动与学校教育教学活动相结合。统筹规划，组建学科团队，定期开展学科教研活动。同时，不断完善校本课程的开发，将课程开发寓于科研课题研究之中，申报吉林省教育科学规划课题子课题"校本课程的开发与实践研究"等课题研究工作。

队伍建设。抓好理论学习和宣传，组织教师认真学习有关校本课程开发的指导意见和理论材料；精心组织教师培训，使每位教师对学校课程规划、建设、管理和实施有清楚的认识；鼓励教师实施班本课程，促进个性发展。

课程管理。在教师、学生、家长层面进行问卷调查和整理，对结果进行评估，结合学校实际情况，科学合理地制定出学校课程规划。学生根据自己的兴趣爱好及特长参加相应的校本课程活动，在活动中发展特长，张扬个性，提高实践能力。

经费保证。实验资金专款专用，教师培训、课程开发投资已列入下一年度开支预算，教研及各项活动经费以实际研究活动需要为主，为课程实施提供一切必要的物质条件。

物质建设。学校教学设施齐全，班班有多媒体教学平台，还有创客教室、微机室、科学实验室、音乐教室、书画教室、录播教室等功能教室，全校实现了无线网络覆盖，为学生多样化发展提供了必要的条件。

基地建设。学校周边自然资源丰富，学校地处长春市中心城区，临近东北师范大学、动植物公园、百花园等自然资源，便于开展各项实践活动，周边交通便利。

家校合作。拓宽家校合作的渠道，通过家长学校工程的开展，定期开展家长学校讲座、家长开放日、家长志愿者活动等途径，积极发挥家长的优势，向家长、社区做好宣传工作，充分保障家长、社区对学校课程的知情权、参与权、评价权、监督权，确保学校课程的有效落实。

五、课程评价

课程评价是一个价值判断的过程。课程评价的方式是多样的。它既可以是定量的方法也可以是定性的方法。

1. 评价对象

包括"课程的计划、实施、结果等"诸课程要素。课程评价对象的范围很广，它既包括课程计划本身，也包括参与课程实施的教师、学生、学校，还包括课程活动的结果，即学生和教师的发展。根据评价主体的不同，可把课程评价分为自我评价和外来评价。

2.评价主旨

在于检验课程目标达成与否，目的不在于评出优劣好坏，而在于增进对课程和教学的了解，能充分激励师生积极参与，调动师生的积极性与创造性。根据评价的目的不同，可把课程评价分为诊断性评价、形成性评价和总结性评价。

3.评价内容

包括态度、能力或技能、方法、个性、发展。评价方式包括集体、个人、过程、结果。评价表达包括评语、获奖证书、特长认定等。如：结合课程的具体特点对学生的学习结果进行评价，比如作品展示、现场表演、实物制作；通过成长记录袋、考勤表等对学生在课程学习的过程表现进行评价；通过多种途径对学生提供课程学习情况的展示平台。

4.评价过程

评价不仅要在课程活动结束时进行，而且要贯穿整个课程活动过程中。重视过程性评价，突出对学生的参与程度、所起作用、合作能力和创新精神、实践能力的形成与提高方面的评价。

5.评价方法

量化评价法。将课程计划和预定课程目标相对照形成量化表格，之后进行评估和分析，再提升的过程。

关注过程性评价。将教师和学生在课程开发、实施以及教学过程中的全部情况都纳入到评价的范围之内，强调评价者与具体情境的交互作用，不论是否与预定目标相符，与教育价值相关的结果，都应当受到评价。

六、课程案例

曙光小学"三园一校"课程之一

"走进东北师范大学"课程实施方案

课程名称：走进东北师大

实施年级：三年级

实施地点：东北师范大学

实施时间：4月份

负责教师和参与教师：三年级班主任

课程理念：

以我校"太阳花"课程的核心理念为基准，让小学生感受大学校园教育文化底蕴，激励自我成长。

课程目标：

带领同学们走进大学校园，体验大学生的生活方式，品味大学独有的深厚文化底蕴，感悟大学的思想自由开放理念，从小树立起孩子们的学习理想及奋斗目标，并激励孩子们对理想的追求和奋斗热情。

课程准备：

1. 由学校与东北师范大学确定参观时间及参观内容。

2. 提示学生参观大学校园的注意事项。

课程实施过程：

1. 带领学生参观校园景观，感受大学的大气与文化气息；将教师和学生在课程开发、实施以及教学过程中的全部情况都纳入到评价的范围之内，强调评价者与具体情境的交互作用，主张不论是否与预定目标相符，与教育价值相关的结果，都应当受到评价。

2. 带领学生参观大学校园操场，感受大学生活的多彩。

3. 重点带领学生参观大学图书馆，了解图书馆各部门的主要职能；了解借阅图书的流程及注意事项，感受图书馆安静的气氛及书香气息。

课程成果描述：

通过参观东北师范大学的课程达到了使同学们从小树立起学习理想及奋斗目标，并激励孩子们对理想的追求和奋斗热情的目标！并将向学校申请，是否可以参观历史、地理、天文系等学科楼，让同学们更加深入地了解大学。

课程评价：

说一说你参观的收获：

曙光小学学生参加"走进东北师范大学"活动合影

表 2-1 学生调研问卷

姓名	课程内容是否满意？	是否通过本次课程了解东北师范大学？	是否有意愿考入东北师范大学？	是否还想再次参观东北师范大学？	对本次活动是否满意？
闫菡芳	是	是	是	是	是
霍雨萱	是	是	是	是	是
徐子涵	是	是	是	是	是
王艺霏	是	是	是	是	是
陈雅文	是	是	是	是	是
韩佳彤	是	是	是	是	是
张紫涵	是	是	是	是	是
刘子涵	是	是	是	是	是
刘星晨	是	是	是	是	是
赵怡硕	是	是	是	是	是
余宛泽	是	是	是	是	是
梁姝萱	是	是	是	是	是
曾忆晗	是	是	是	是	是
袁津奥	是	是	是	是	是
孙榕泽	是	是	是	是	是
张佳森	是	是	是	是	是
张雨涵	是	是	是	是	是
董瑞汉	是	是	是	是	是
周之冰	是	是	是	是	是
丁嘉豪	是	是	是	是	是
赵雨轩	是	是	是	是	是
柳雨涵	是	是	是	是	是
孟繁博	是	是	是	是	是
叶世杰	是	是	是	是	是
王鹏博	是	是	是	是	是
刘振宇	是	是	是	是	是
刘柏清	是	是	是	是	是
侯学凯	是	是	是	是	是
姜辰州	是	是	是	是	是

表2-2 学生参与评价表

项目	评价内容	自评	同伴评价	同伴评价	教师评价	家长评价	总评
参与状态	学生富有浓厚的学习兴趣，高涨的学习热情。	优	优	优	优	优	优
	具有良好的秩序感，具有良好的道德品质。	优	优	优	优	优	优
参与程度	认真观察，主动提出问题，主动表达	优	优	优	优	优	优
	善于倾听，并主动参与合作研讨	优	优	优	优	优	优
	主动参与时长大于70%，用于自主探究、实践操作、合作学习	优	优	优	优	优	优
	及时上交反思	优	优	优	优	优	优
参与效果	有自主学习的习惯，有竞争意识和合作意识	优	优	优	优	优	优
	具有问题意识，发表个人见解。	优	优	优	优	优	优

班级	班级亮点	改进建议
	学生认真参观，仔细聆听老师的讲解，不仅感受了大学校园的书香气息，图书馆的安静、温馨更能树立起孩子们的学习理想、奋斗目标。	1. 增加老师与学生间的互动环节。 2. 让学生也能坐在图书馆中学习、读书，切身感受大学校园的学习生活。

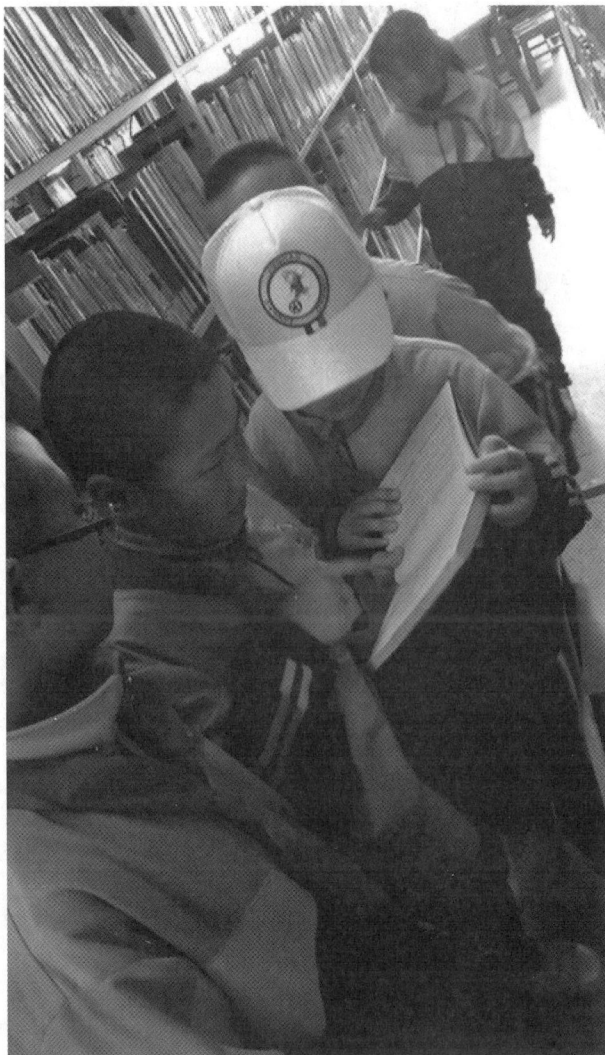

曙光小学学生在东北师范大学图书馆内阅览图书

曙光小学"三园一校"课程之二

"走进牡丹园"课程实施方案

课程名称：国色天香牡丹园

实施年级：四年级

实施地点：牡丹园

实施时间：5月份

负责教师和参与教师：刘海艳　王安宇　任庆红

课程理念：

社会实践是小学生走向社会的一个重要锻炼环节，也是教育与实践相结合的具体体现，是课堂教育的延续和素质教育的需要。为了让学生亲近社会和大自然，曙光小学组织开展"太阳花"之"走进大自然 感受新变化"走进牡丹园社会实践活动。

课程目标：

1. 让学生走向大自然，感受大自然的气息。

2. 培养学生动手操作的能力和自力更生的习惯。

3. 培养学生艰苦朴素、吃苦耐劳和团队协作的精神，磨炼学生的意志。

课程准备：

1. 召开会议，明确职责。

2. 各班主任应提前做好学生的思想动员工作。

（1）团队活动前进行纪律教育、安全、文明礼仪教育，环保意识教育。

（2）教育学生在团队活动中应互帮互助，团结协作。

3. 每班由两位老师具体负责，各班按学生人数先分成若干小组，定好组长。

课程实施过程：

一、活动前动员，讲清活动意义

二、活动开始，以小组为单位

1. 拍照（牡丹花特写）。

2. 观察周围环境，建立环保意识。

3. 清除周边垃圾。

4. 背诵关于牡丹的诗词。

5. 现场素描。

6. 合唱《牡丹之歌》。

三、同学交流活动感受

四、班主任总结活动情况

课程成果描述：

通过此次活动，让学生以不同的形式展现自我，教育学生在团队活动中应互帮互助，团结协作，并受到增强环保意识和保护生存环境的教育。

课程评价：

将语文学习与音乐、美术等学科进行融合，评选出班级环保卫士、诵读之星、金嗓子、摄影小达人等。

表2-3学生调研问卷

喜欢参加的学生人数	100%
不喜欢参加的学生人数	无
对此次游览课程满意百分比	100%

表2-4学生参与评价表

项目	评价内容	自评	同伴评价	同伴评价	教师评价	家长评价	总评
参与状态	学生富有浓厚的学习兴趣，高涨的学习热情。	优	优	优	优	优	优
	具有良好的秩序感，具有良好的道德品质。	优	优	优	优	优	优
参与程度	认真观察，主动提出问题，主动表达	优	优	优	优	优	优
	善于倾听，并主动参与合作研讨	优	优	优	优	优	优
	主动参与时长大于70%，用于自主探究、实践操作、合作学习	优	优	优	优	优	优
	及时上交反思	优	优	优	优	优	优
参与效果	有自主学习的习惯，有竞争意识和合作意识	优	优	优	优	优	优
	具有问题意识，发表个人见解。	优	优	优	优	优	优
班级	班级亮点			改进建议			
	积极引导孩子参与实践，参与公益，让孩子在真实的体验中感受美，栉风沐雨亲身躬行，让孩子食髓知味，珍惜生活。			既有熟悉的味道又有新的火花，希望又更多这样新颖的课程，让孩子食廉效知节，反复是知荣辱。			

"魔方"校本课程学生参与评价表

曙光小学综合实践活动课程记录单
倾听自然的声音——国色天香牡丹园

参与年级：四年级　指导学科：语文　姓名：杨舒涵

一 收集：我收集到的关于牡丹的资料：

牡丹是芍药科、芍药属植物，为多年生落叶灌木。茎高达2米；分枝短而粗。叶通常为二回三出复叶。

二 积累：1.我知道描写牡丹的诗词：

唯有牡丹真国色，花开时节动京城。——刘禹锡《赏牡丹》
有此倾城好颜色，天教晚发赛诸花。——刘禹锡《思黯南墅赏牡丹》

2.我知道描写牡丹的好词好句：

好词：圆满、富贵、富丽端庄、芳香浓郁、繁荣昌盛。
好句：展厅，摆放着开得娇嫩的各种牡丹花。

三 表达：我眼中的牡丹（赏牡丹园）：

牡丹园很美，花的颜色、种类都很多：红色、紫色、粉色……，这些颜色很鲜艳。形态万千。

四 思考：1.在我看来牡丹拥有哪些特点（文化特质），从而引得自古以来无数文人墨客观赏牡丹，书写诗篇歌咏牡丹：牡丹花的花语是富贵高雅，外形美丽，被誉为花中之王，古书《本草》有这样的记载："牡丹乃天地之精，为群花之首。"清朝末年的时候，牡丹被定为国花。牡丹历来都是文人骚客的作诗题词的好题材。

2.古有诗句："有花堪折直须折"，对此我的看法是：

不要折花、草、树木，要爱护它们。

"国色天香牡丹园"校本课程记录单（一）

曙光小学综合实践活动课程记录单
倾听自然的声音——国色天香牡丹园

参与年级：四年级 指导学科：语文 姓名：李佳收

一 收集：我收集到的关于牡丹的资料：

牡丹是芍药科、芍药属植物，为多年生落叶灌木。茎高达2米；分枝短而粗。叶通常为二回三出复叶，偶尔近枝顶的叶为3叶。

二 积累：1.我知道描写牡丹的诗词：

唯有牡丹真国色，花开时节动京城。——刘禹锡《赏牡丹》

有此倾城好颜色，天教晚发赛诸芳。——刘禹锡《思黯南墅赏牡丹》

2.我知道描写牡丹的好词好句：

好词雍容华贵、富丽端庄、芳香浓郁、姚黄魏紫、富贵吉祥。

展厅，摆放着开得妖艳的各种牡丹花，大棚内的一盆盆牡丹也开得不错。

三 表达：我眼中的牡丹（赏牡丹园）：

展厅摆放着开得妖艳的各种牡丹花，大棚内的一盆盆牡丹也开得不错，亲眼目睹者，妖紫的牡丹 国色 天香。

四 思考：1.在我看来牡丹拥有哪些特点（文化特质），从而引得自古以来无数文人墨客观赏牡丹，书写诗篇歌咏牡丹：牡丹花的花语是富贵高雅，外形美丽被誉为花中之王，古书以本草刘有这样的记载：牡丹为天地之精为群花之首。，清朝末年的时候，牡丹被定为国花。牡丹历来都是文人骚客的作诗题词的好题材。

2.古有诗句："有花堪折直须折"，对此我的看法是：

我觉得这样不好，这样会弄坏花苗。

"国色天香牡丹园"校本课程记录单（二）

曙光小学综合实践活动课程记录单

倾听自然的声音——国色天香牡丹园

参与年级：四年级　指导学科：语文　姓名：刚惠

一　收集：我收集到的关于牡丹的资料：

牡丹是芍药科、芍药属植物，为多年生落叶灌木。茎高达2米，分枝短而粗。叶道常为二回三出复叶，偶尔近枝顶的叶为3对。

二　积累：1.我知道描写牡丹的诗词：

唯有牡丹真国色，花开时节动京城——刘禹锡《赏牡丹》

自此倾城好颜色，天教晚发赛诸花——刘禹锡《思黯南墅赏牡丹》

2.我知道描写牡丹的好词好句：

好词：雍容华贵、富丽端庄、芳香浓郁、姚黄魏紫、魏紫姚黄、富态。

好句反：摆放着开得娇艳的各种牡丹花，棚内的牡丹花错，五颜六色、姹紫嫣红的竞相开放。

三　表达：我眼中的牡丹（赏牡丹园）：

美丽的牡丹园里，我知道了牡丹的品种、的样子、的颜色，我还看见有些人拍照留念。还知道牡丹园的面积、还有它标号。

四　思考：1.在我看来牡丹拥有哪些特点（文化特质），从而引得自古以来无数文人墨客观赏牡丹，书写诗篇歌咏牡丹：牡丹花的花语是富贵富雅，外形美丽，被誉为花中之王，古书《本草》有这样的记载："牡丹乃天地之精，为群花之首。"清朝末年的时候，牡丹被定为国花。牡丹历来都是文人马墨客的作诗题词的好题材。如李白的三首《清平调》。

2.古有诗句："有花堪折直须折"，对此我的看法是：

我们不应折花，爱护环境，我们把那花都折走了，只能自人欣赏，不如不折花，让大家欣赏。

"国色天香牡丹园"校本课程记录单（三）

曙光小学综合实践活动课程记录单

倾听自然的声音——国色天香牡丹园

参与年级：四年级　指导学科：美术　姓名：王怀达

"国色天香牡丹园"校本课程学生作品（一）

曙光小学综合实践活动课程记录单

倾听自然的声音——国色天香牡丹园

参与年级：四年级　指导学科：美术　姓名：张艺加佳

"国色天香牡丹园"校本课程学生作品（二）

曙光小学综合实践活动课程记录单

倾听自然的声音——国色天香牡丹园

参与年级：四年级 指导学科：美术 姓名 张皓然

"国色天香牡丹园"校本课程学生作品（三）

"国色天香牡丹园"校本课程实践活动（一）

"国色天香牡丹园"校本课程实践活动（二）

曙光小学"班本课程"之一

"魔方"课程实施方案

课程名称：魔方世界

实施班级：四年一班

实施地点：班级

实施时间：全年

负责教师：李杰

课程理念：

1.魔方课程具有综合性，它体现个人、社会、自然的内在整合，体现科学、艺术、道德的内在整合，我们将立足于人的个性的整体性，立足于每一个学生的健全发展。

2.魔方课程具有实践性，以活动为主要开展形式，强调学生亲身经历，在活动中发现和解决问题，体验感受，发展实践能力和创新意识。

3.魔方课程具有开放性，开放的内容和展现的形式以及多元的评价标准为每个学生的个性发展提供展示的舞台。

4.魔方课程具有生成性，魔方本身是一种生生不息，永远都在创新、变革发展的艺术，魔方活动中对作品不断改进、新的构思不断生成、方法和效果不断被发现，学生的认识和体验也不断地加深。

5.魔方活动活动具有自主性，活动中充分尊重学生的兴趣、爱好，教师只对其进行必要的指导，不包揽学生的思维，不用自己狭隘的个人喜好影响、控制、约束学生。

课程目标：

1.为进一步开发和挖掘学生的创造性思维，提升学生的动手能力，开发智力，提高学生的兴趣。

2.为了丰富学生的课外生活，开设魔方兴趣小组，通过活动的开展，使学生的思考能力大大加强，观察能力进一步提高，在以后的学习中能有团体合作精神。

3.培养学生课外学习的兴趣，增强学生的动手能力；增强学生学习的信心，并能取得更好的成绩；全面推进素质教育，培植学生的个性特长。

课程准备：魔方教具、学具，PPT，实物展台

课程实施过程：

1.在魔方兴趣小组学习过程中，本着求实、创新的精神，从我校的实际出发，针对"新老"学生的不同基础，认真计划，精心组织了魔方兴趣小组活动。通过"老生"带"新生"，培养协作交流能力。在兴趣小组的活动中，特别注意保护学生的个性发展，尊重他们每一个。传授一些基本的方法，且这些方法要有非常鲜明的实践性，要学以致用，尽可能地把理论和知识转化为能力。

2.在讲授技巧时，要熟练演示，步骤清晰，讲解透彻，点拨精辟，充分调动学生的积极性，使学生主动地去完成。

3. 每周五下午蓓蕾计划时间。

4. 场地在活动室，班级人数在 40 人以下。

课程成果描述：

全员能在 1 分钟内把 3 阶魔方六面还原；能在 30 秒内把 2 阶魔方六面还原，有能力的学生能把镜面、4 阶魔方六面还原。

课程评价：

速拼比赛评价、学生自我评价、活动过程的评价和在过程中的评价。

表 2-5 学生调研问卷

喜欢参加的学生人数	37人
不喜欢参加的学生人数	1人
对此次实践课程满意百分比	94.7%

表 2-6 学生参与评价表

项目	评价内容	自评	同伴评价	同伴评价	教师评价	家长评价	总评
参与状态	学生富有浓厚的学习兴趣，高涨的学习热情。	优	优	优	是	好	优
	具有良好的秩序感，课上学习态度认真。	优	优	优	是	好	优
参与程度	认真观察，主动提出问题，主动表达	优	优	优	是	好	优
	善于倾听，并主动参与合作研讨	优	优	优	是	好	优
	主动参与时长大于70%，用于自主探究、实践操作、合作学习	优	优	优	是	好	优
	及时上交反思	优	优	优	是	好	优
参与效果	有自主学习的习惯，有竞争意识和合作意识	优	优	优	是	好	优
	具有问题意识，发表个人见解。	优	优	优	是	好	优

班级	班级亮点	改进建议
	绝大多数学生热衷于活动，活动中善于交流合作，竞技时挺有拼搏精神，对拼魔方活动的内容、形式感兴趣。同伴之间通过比赛提高技能。	个别学生在学习上有困难，纪律性有待提高，需要老师和个别辅导，同伴督促练习，建立小组合作学习模式。

第三章

幸福教学

课堂，是学校育人的主渠道，是学生生命成长的主舞台。实施幸福教育，培养幸福学生，其主阵地也是课堂。教育需要幸福作为终极的目标指引，教育也需要幸福的过程。在幸福教育文化的影响下，学校建立了和谐、生态、快乐的幸福课堂文化。课堂具有教师和学生两个主体，在幸福课堂中，通过情境体验，点燃幸福——情理交融，合作探究——情智协同，反思拓展——情意共生，健康成长"四情并茂"教学模式的实践研究，教师与学生建立起和谐、生态的师生关系，促进了师生身心的和谐发展，为他们搭建发挥和发展潜能的空间，从而成为最好的自己。

一、幸福课堂的生成

人的一生，是追求幸福的一生，没有人会拒绝幸福，也没有人会放弃幸福。那么，什么是幸福？相信每个人对幸福的理解、要求和看法都有所不同。从幸福的客观性看，人的生存状态，比如物质生活水平、人际关系和社会地位等，受制于人实现和创造幸福的生活的能力。良好的人际关系使人愉悦，自身价值得到实现会带来成功感。但是，建立良好的人际关系、实现自身价值等都需要能力。为此，从某种意义上来说，幸福是一种能力，即认识幸福的能力，感受幸福的能力和创造幸福的能力。这些能力不是与生俱来的，而是需要通过学习来获得，需要通过接受教育来发展。

教育的价值和意义就在于能提升人的幸福生活能力，促进人幸福地生活。

1. 幸福课堂的意义

教育需要幸福。对于学生而言，如果没有幸福的成长过程作支撑，学习就很难坚持下去，他们可能会采取种种方式逃离或放弃学习，更多的孩子只能是人到心不到地坐在教室里，机械参与、无声对抗。对教师来说，如果在教学中不能体验到幸福，就会逐渐失去信心和成功感，出现职业倦怠。

2. 幸福课堂的特征

（1）生本

幸福课堂是以学生发展为根本的课堂。课堂教学的过程是学生主动参与的过程，将学生放在主人的位置来研究教学。从学生的身心发展规律和特点出发，以发展的观点来研究学生，把学习的责任还给学生，让学生成为自己发展的主人，还学生以生动活泼需要并且有发展可能和主动性的多姿多彩生命体的真相，使学生主动学、自觉学，变要我学为我要学、我会学，真正成为学习的主人。

（2）生态

幸福课堂是关注个性、师生和谐的课堂。要尊重学生的独特本性和个性差异，不能用统一的标准来框定和评价学生，师生之间建立平等的人与人交往关系，而不是用教师的行为或话语来压制学生个性化的思想和创造性的生命活力。课堂，是教师与学生共同建构起来的彼此尊重、欣赏的和谐空间。

（3）生活

幸福课堂是具有生活意识的课堂。将课堂从科学世界与感性的、丰富的现实生活联系起来，从学生的现实生活出发，使课堂充满着生活的鲜活和多彩，轻松和愉悦，有效地促进学生自主学习，乐于思考，敢于创新。

（4）生长

幸福课堂是师生共同发展的课堂。在愉悦平等的学习氛围中，学生的积极性得到了充分的调动，学生可以尽情地进行语言交流、操作体验、互动学习和展示感悟，让每个学生充分发展成为可能。教师的教和学生的学都在根据课堂上的实际情况进行适时地调整，师生间、生生间的思维也在不断碰撞中闪现创造性的火花，使课堂成为师生共同学习、得到发展、感受成功的生态空间。

二、幸福课堂的建模

苏联教育家赞可夫在《教学与发展》一书中指出：课堂教学必须"使班上所有的学生都得到一般发展"。也就是说，课堂教学要引发学生在认知、情感、技能

等方面发生整体改变，在思维方式、情感体验、思想境界、为人处世等维度发生实质性变化，课堂教学应释放出生命感、意义感、美妙感、意境感、期待感……

基于课堂教学的意义，基于培养幸福学生的目标，在初步实践探索的基础上，提出以情为核心的情境体验，点燃幸福——情理交融，合作探究——情智协同，反思拓展——情意共生，健康成长"四情并茂"教学模式，"情"是教学的核心。古代学者刘勰在《文心雕龙》里说："夫缀文者情动而辞发，夫观文者披文以入情。"苏霍姆林斯基说："情感如同肥沃的土地，知识的种子就播种在这片土壤上。"情感是课堂的灵魂，一个好的教师应善于利用教材创设教学情境，以自己的情感调动学生的情感，指导学生将自己的人生体验、情感与课文融合在一起，与作者、老师同悲同喜，同歌同泣，努力实现师生情、作者情的和谐共振，在美与智的融合中形成健康的个性和健全的人格。

1. 指导理念

基于建构主义教学观。建构主义教学观的内涵之一就是建构主义学习环境由情境、协作、会话和意义建构四个要素构成，建构主义的教学策略是以学习者为中心的。情境教学的主要特征之一也是"学习者中心"，每一个学习者都是知识理解和意义建构的主体，不同的学习者在问题解决过程中平等交往、合作学习。情境与情景同义，即为具体场合的情形、景象或境地。情境教学，是指在教学过程中为了达到既定的教学目标，从教学需要出发、引入、制造或创造与教学内容相适应的具体场景或氛围，引起学生的情感体验，帮助学生迅速而正确理解教学内容，促进他们的心理机能全面和谐发展。

基于人本主义教学观。罗杰斯是当代美国著名的人本主义心理学家之一。他认为，在教育背景下，学生的学习无外乎两种类型。一种是认知学习，它可以用行为主义的S—R学习理论来解释。认知学习受到"外部强制力"的制约，重记忆，因而没有什么意义。另一种是经验学习，他以学习的经验生长为中心，以学生的自发性和主动性为学习动力，把学习与学生的愿望、兴趣、需要有机结合起来，因而是一种趣味盎然的、有意义的学习。罗杰斯认为，在课堂教学中教什么、怎么教、教多久、如何评价教学效果等，不是由教师决定的，而是由学生或者说学生的经验、意向、需要、兴趣等决定的。

基于情境主义教学论。李吉林提出的情境教育特别强调激发儿童的学习兴趣，把儿童带入情境，在探究的乐趣中，发挥学习的主动性，强化学习动机。情境教育特别注重在教学中调动儿童的观察、体验、想象、思维，以及某些潜在的非智力因素，促进儿童智能、情感和品质的全面发展，这是符合儿童认知规律，又能充分适应素质教育要求的。情境教学的功能主要表现在两个方面：陶冶功能和暗示（或启迪）功能。情境教学能够陶冶人的情感，净化人的心灵。情境教学的陶冶功能就像一个过滤器，使人的情感得到净化和升华。它剔除情感中的消极因素，保留积极成分。这种净化后的情感体验具有更有效的调节性、动力性、感染性、强化性、定向性、适应性、信号性等方面的辅助认知功能。情境教学可以为学生提供良好的暗示或启迪，有利于锻炼学生的创造性思维，培养学生的适应能力。

2. 目标定位

学生既不是待灌的花瓶，也不是冷冰冰的机械人，而是有血有肉的生命个体，有自己的想法，有自己的体验。在语文课堂教学中，教师要创设与学生生活环境、知识背景密切相关，同时又是学生感兴趣的学习环境，让学生在观察、操作、猜测、交流、反思等活动中逐步体会知识的产生、形成与发展的过程，获得积极的身心体验，并彰显自己的个性。

3. 基本内涵

"情境体验"是要创设有意义的学习情境，调动学生的学习热情。

"情理交融"是要拉动学生思维，注重合作探究，培养学生自主学习。"理"是理性思维，也是学科思维。通过师生互动的、生生互动的、学生与学习载体之间的交融碰撞，思考观点的形成，促进学生形成良好的思维方法；"融"即和谐、融合，"相融"即相互的和谐、融合。情理相融是努力使组成课堂这一整体的各个部分成为和谐、融通的整体，让学生在和谐、融洽的课堂中，在自主学习的实践中学会学习，提升能力、启迪智慧，从而促进每一个学生的发展，让学生学习能和谐融合于高度统一的生命发展。

"情智协同"是要注重学习方式的多样性与主体性、协作性与交流性、体验性与感悟性，实现智育的提升与反思。"智"，指向学生的学习智慧。

"情意共生"是要注重学生价值观念和必备品格的培养，体现人类文化价值观在个体身上的表达与内化，实现课堂育人、学科育人的目标。

这四个方面体现了幸福课堂教学的四个维度，或称之为四个元素。这四个元素是课堂教学的整体，它们之间既是独立存在的，又是相互关联、相互依存的。情境体验是课堂教学的逻辑起点，情理交融体现了学习过程中思维的发展，情智协同是教学的目标，情意共生体现了课堂教学的升华。四者相互联系、相互依存、相互促进。

4. 操作原则

情境体验，点燃幸福。精心设计各种情境，拉动学生思维，调动学生的学习热情。

可以基于问题出发，可以直接动手操作，可以建立新旧练习，可以营造浓厚氛围，通过调动学生的感官，带给学生幸福的感受，产生愉悦的情感体验。

情理交融，合作探究。体现教师如何引导学生进行独立思考或者怎样进行合作性、探究性学习。让各个层面的学生都能积极参与学习，培养学生自主学习的主动性、协作交流的参与性、活动体验的踊跃性。让学生学会独立思考，师生、生生之间能彼此交流合作，自由分享见解，把学生的困难、问题和经验当作课堂教学的生长点。

情智协同，反思拓展。体现学生在课堂中如何进行自主学习、合作学习，在学习过程中如何促进学生智慧的形成与发展，实现智育的提升与反思。

情意共生，健康成长。课堂教学的重要意义还在于超越课堂，超越学科，将学习和学生个体的精神文明结合起来，促进学生文明价值观的建构。

5. 保障条件

课堂生态环境的关键性。以学生为主体，以人的发展为要素，促进每一个学生的持续发展，关注每一个学生的生命状态，关注每一个学生的每一节课是否幸福。

良好师生关系的积极性。课堂气氛生动活泼，师生心情愉悦、精力充沛，在教学活动中互相合作、良好互动，师生关系和谐、融洽，教师有教的意图，学生有学的愿望，课堂是师生共同发展的舞台。

教师教学的投入性。教师在教学过程中平等对待学生，尊重学生的差异，充分相信每一个学生都能在学习上有所收获，主动满足学生的成长需求，积极为学生创造发展个性的机会。

学生参与的深度性。学生的思维活跃，参与意识强，愿意思考、敢于质疑，拥有充分的参与、体验、实践、分享的空间，亲自经历知识获得的过程。

三、典型教学案例

"认识图形"教学设计

执教教师：任菁菁

学科：数学

课题：认识图形

课型：新授课

教材分析：

"认识图形"是北师版一年级下册第四单元中第一课时的内容，是学习平面图形的起始课，也是图形与几何领域中的重要内容。通过丰富有趣的活动初步认识长方形、正方形、三角形和圆，并感知面在体上。在这节课中，教材主要围绕两大内容展开，一是通过设计"从立体图形中得到平面图形"的活动，帮助学生体会立体图形与平面图形的联系。二是以动手操作为主线，积累图形认识的活动经验。这两项内容帮助学生在实际操作中逐步积累数学活动的经验，发展学生的空间观念。

学情分析：

一年级的学生较为活泼，因此丰富的课上活动能够吸引学生的注意力。同时，在一年级上册中，学生已经初步认识了长方体、正方体和圆柱，因此，本节课可通过印一印、描一描等操作，帮助学生体会面在图上。

教学目标：

1.通过观察、操作与讨论，感知长方形、正方形、三角形和圆的特征，并体会面在体上。

2.通过摸、画、找、说等活动，初步体会到解决问题的方法和策略的多样性，并在小组活动中培养探索意识和协作精神。

3.通过对图形的认知，体会长方形、正方形、三角形和圆在生活中普遍存在。

4.通过创设情境，在实际操作活动中体验学习数学的乐趣，激发学生积极探索新知和学好数学的欲望。

教学重点：会辨认长方形、正方形、三角形和圆。

教学难点：体会"面"在"体"上。

教学资源：吉林省教育资源公共服务平台、新世纪小学数学网以及教师用书。

教学准备：长方体、正方体、圆柱、三棱柱，课件。

教学过程：

一、情境体验，点燃幸福

1.同学们，老师现在要播放一个动画片，请你猜一猜，这是你所学过的哪篇课文呢？

2.没错，这就是上学期我们学习过的一篇语文课文，叫《雪地里的小画家》。冬天到了，小动物们在雪地上留下了丰富的脚印，那我们可不可用手里的学具，也来印一些小脚印呢？

3.你们还记得我们的老朋友吗？说一说它们是谁。（出示长方体、正方体和圆柱）

4.今天要给大家介绍一位新朋友，它的名字叫"三棱柱"。（出示三棱柱）

5.现在我们一起利用印泥印一印，看看能印出什么美丽的图形。

6.你们印出的图形可真漂亮呀，那它们的名字叫什么呢？我们都知道，长方体、正方体、圆柱和三棱柱都是立体图形。在图形的城堡里，除了立体图形外，还住着一个庞大的家族，那就是我们刚刚印出来的图形，它们统称为平面图形。今天我们就一起来认识一下，在平面图形里，有哪些可爱的朋友呢？

二、情理交融，合作探究

1.现在，请你在立体图形上找一找这些平面图形。

2.找到后请你摸一摸，是什么感觉呢？（小组间互相讨论）讨论后进行分享。

3.通过刚刚的活动，你能说一说平面图形和立体图形有哪些关系吗？

（平面图形在立体图形上，引出"面"在"体"上）

三、情智协同，反思拓展

1.请你用你喜欢的方法，把立体图形的面请到纸上来，并与组内成员进行交流，说一说自己用了哪些方法。（学生主要利用印一印、描一描或画一画的方法）

2.每组请一名同学汇报操作方法，并说一说，每个图形都是从哪个面上搬下来的呢？（学生操作后进行分享）

3.它们叫什么名字呢？有哪些特征？它们之间又有哪些区别？（学生发现平面图形与立体图形之间的关系，并发现平面图形的特征。在讨论特征时，有的学生是根据角进行区分：长方形和正方形有四个角，三角形有三个角，圆没有角；而有的同学则是通过边进行区分：长方形和正方形有四条边，三角形有三条边，圆只有一条曲线）

四、情意共生，健康成长

1.你在生活中见过这些平面图形吗？它们在哪些物体上？（学生通过观察教室，发现生活中处处都有平面图形）

2.展示图片，并与学生分享：只要有一双善于发现的眼睛，你就会发现生活中处处都有数学的身影。

课后作业：

找一找生活中有哪些物体的面是长方形、正方形、三角形或是圆形，请你拍下照片，上传到人人通空间，与同学进行分享交流。

学生学习效果评价：

本节课以学生动手操作为主，教师引导为辅，帮助学生在活动中学习数学，因此达到了较好的学习效果。学生能在教师创设的情境中进入课堂，并积极动手操作，进行自主学习。同时以小组为单位进行合作学习，将本节课的学习效果最大化。在总结的过程中，学生能将本节课的重点内容进行总结，同时利用课后作业，能把所学的知识与生活实际相结合，达到从生活中发现数学的目的。

《落花生》教学设计

执教教师：徐钟瑞

学科：语文

课题：落花生

课型：讲读课

教材分析：

精读课文《落花生》，这是著名作家许地山的一篇叙事散文，真实地记录了作者小时候的一次家庭活动和所受到的教育。课文着重讲了一家人过花生收获节的情况，通过谈论花生的好处，借物喻人，揭示了学习花生不图虚名、默默奉献的品格的主旨，说明人要做有用的人，不要做只讲体面而对别人没有好处的人，表达了作者不为名利，只求有益于社会的人生理想和价值观。文章篇幅很短，也没有什么华丽的辞藻和深奥的语言，但是给人以清晰、深刻的印象，使人从平凡的事物中悟出了耐人寻味的道理。这篇课文是按事情发展顺序记叙的，在表达上颇具匠心：详略分明，以物喻人，同时言辞朴实无华。

本文采用的是借物喻人的写作方法，即从平凡的事物中悟出了耐人寻味的做人的道理。作者借花生这一日常生活中常见的平凡事物，从花生的生长特点中领悟到做人的深奥道理。由浅入深，以小见大，在平凡的事物中解读出深刻的道理。这既是本文的写作特点，又符合本学段所提出的新的学习要求——"初步领悟基本的表达方法"。本文对于学生如何做人有所启示，又为学生学习这种写作方法提供范例。

课文中父亲的一段话运用了对比的方法。父亲的话将花生与桃子、石榴、苹果的对比，来突出花生本身的特点，然后再用花生说明做人的道理。采用对比的手法可以更加突出事物的特别之处，使得事物的特点更加鲜明，更加便于读者去理解。

学情分析：

语文课程标准明确指出：阅读是学生的个性化行为。阅读教学是学生、教师、教科书编者、文本之间对话的过程。我在平时阅读教学中注重引导学生钻研文本，在主动积极的思维和情感活动中，加深理解和体验，有所感悟和思考，受到情感熏陶，获得思想启迪，享受审美乐趣，培养学生具有感受、理解、初步的欣赏和简单的评价能力。课后作业注重培养学生探究性阅读和创造性阅读的能力，提倡多角度的、有创意的阅读，利用阅读批注、阅读反思和阅读评价等形式，发展学生的思维，

树立学生的阅读自信，拓宽学生的阅读空间。

教学目标：

1. 理解课文思想内容，学习花生不求虚名、默默奉献的品格。使学生懂得"人要做有用的人，不要做只讲体面，而对别人没有好处的人"的道理。

2. 概括课文中心思想，练习分清课文主次。

3. 有感情地朗读课文。背诵课文最后四个自然段。

教学重点：

1. 理解父亲赞美花生的话的深刻含义。

2. 练习根据课文的中心，分清主次。

教学难点：理解父亲赞美花生的话的深刻含义。

教学资源：教学课件

教学过程：

一、情境体验，点燃幸福

1. 老师出个谜语，看看谁能猜出它是哪种植物。

"根根胡须入泥沙，自造房屋自安家。地上开花不结果，地下结果不开花。"（花生）

2. 出示花生的投影片，教师解题：花生又叫落花生，因为花生的花落了，子房柄就钻到土里长成花生荚，所以叫落花生。

3. 作者简介：这篇课文的作者许地山是现代小说家、散文家。因为小时候父亲关于落花生的一番话给他留下了深刻的印象，他决心要像花生那样，做一个对别人有用的人，所以常用的笔名是"落华生"。那么，他父亲关于花生谈了些什么，是怎样谈的呢？我们来看课文。

二、情理交融，合作探究

1. 在理解生字、新词的基础上，默读课文。联系课文，加强对生字、新词的记忆与理解。

2. 教师范读课文，学生思考：课文围绕题目写了哪些内容？

3. 学生听读后自读课文，在课文中圈画。

三、情智协同，反思拓展

1. 默读第三段，思考：一家人是怎样议论花生的好处的？

2. 分角色朗读课文，讨论回答思考题。

3. 兄妹们所说的花生的好处是显而易见的，父亲指出的却是花生常常被人忽视的一个特点。父亲对花生作了几次议论？这几次议论有什么不同？（两次。第一次把花生与桃子、石榴、苹果作比较；第二次由花生的特点进而说明做人的道理。）

（1）齐读父亲的第一次议论。思考：父亲是怎样通过比较说明花生最可贵之处的？

教师帮助学生抓住关键词语"埋在地里""鲜红嫩绿""高高地挂在枝头上""矮矮地长在地上"等进行分析，体会出花生的默默无闻和朴实无华。

（2）思考：花生的果实长在泥土里，桃子、石榴、苹果将果实挂在枝头，这是花生故意钻进土里不让人知道，桃子、石榴、苹果故意炫耀自己吗？为什么？

（3）桃子、石榴、苹果鲜红嫩绿，惹人喜爱，而花生却将成熟的果实埋进泥土，等待人们来挖掘，来利用。由此，你体会到花生可贵的品质是什么？

（4）齐读父亲的第二次议论，思考：父亲借花生来教育孩子们做什么样的人？

出示投影片，填空，指导学生背诵。

"你们要像花生，它虽然＿＿＿＿＿＿＿，可是＿＿＿＿＿＿，不是＿＿＿＿＿＿而＿＿＿＿＿＿的东西。"

4. 作者对父亲的话理解了吗？你是从哪里看出来的？读出有关的句子。

（1）出示投影片，填空，指导背诵。

"人要做＿＿＿＿＿＿的人，不要做＿＿＿＿＿＿，而＿＿＿＿＿＿的人。"

（2）你对作者的话理解了吗？什么叫有用的人？什么叫只讲外表体面而对人没有好处的人？结合实际，举例说明。

四、情意共生，健康成长

1. 结合"我"的一段话，概括课文的中心思想。（课文通过收获节上一家人对花生好处的议论，说明要做对别人有用的人，不要做只讲体面而对别人没有好处的人。）

2. 从种花生到收花生经历了多长时间，在课文中占了多少篇幅？从吃花生到谈花生、从谈花生到论人生经历了多长时间，在课文中占了多少篇幅？作者为什么这样安排？

对这个问题的思考可以使学生对文章的主次有具体的感受，对文章主次与中心思想的关系有比较具体的体会。（板书：略写；详写）

3. 这篇课文的重点是过收获节，议花生是主要的，父亲的议论是着重写的，这样可以突出文章的中心。其他内容略写，但它为文章的主要内容起说明交代的作用，不能不写。我们在写作时也要确定重点，做到重点突出，主次分明。

4. 有感情地齐读课文，体会课文的思想内容及写作特点。

这篇课文借写花生，告诉我们一个深刻的道理：人要做有用的人，不要做只

讲体面，而对别人没有好处的人。这种写法就叫"借物喻人"。在我们的周围也有许多事物能给我们以启迪，让我们懂得深刻的道理。如：粉笔这个平平常常、普普通通的小东西，为了让同学们获得知识，不惜牺牲自己；蜡烛，照亮了别人而牺牲了自己……生活中哪些人与这些事物具有相同的品质呢？

学生学习效果评价：

《落花生》是一篇叙事散文，全文围绕"种花生——收花生——吃花生——议花生"来写，真实地记录了作者小时候的一次家庭活动和所受到的教育。课文着重讲了一家人过花生收获节的情况，通过谈论花生的好处，借物喻人，揭示了我们要学习花生不图虚名、默默奉献的品格。说明人要做有用的人，不要做只讲体面而对别人没有好处的人，表达了作者不为名利，只求有益于社会的人生理想和价值观。

本课语言优美，感情真挚，含义深刻，对学生极有教育意义。因此在教学中我侧重让学生品读理解。如第十自然段，我设计了判断题、填空题，让学生明白花生默默奉献、不炫耀自己的特点。我与学生以聊天的形式进行交流，学生的话语足以证明他们的思维有多广阔，我感到特别欣慰。我说："课文以谈花生的好处为主，他们怎样谈？"学生们说："孩子们从味道、榨油、价钱三方面谈花生的好处，都是外在的，而父亲谈的是花生看不见的好处。"我概括说："种花生、收花生、吃花生写得少，谈花生写得多，这在写作文时叫详略安排。对突出文章主题的内容详写，对起铺垫作用的内容则略写。同学们在作文时常见的毛病是平均用力，不分主次。关于做人的道理，是作者从花生中引申出来的，所以作者希望孩子们像花生一样质朴做人。"

你想成为什么样的人呢？学生们各抒己见，发表自己的见解。听到学生们的畅所欲言，我深受震动，动情地对学生说："同学们说得太好了。像花生那样的人生，并不是唯一的选择。在这个世界上，在市场经济时代里，有人像太阳那样光芒四射，有人像林中的小树那样静立不动，有人像大海那样深沉，有人像山泉那样清明。但有一点则是相同的，做人，一定要做一个对社会、对他人有用的人，而不是做一个自私自利的人。"同学们静静地听我说，会心地点头。

不足：教学中就课论课，缺少对"借物喻人"这一文章写法的拓展和延伸。例如：《梅花魂》《万年牢》等文章都是很好的可以加深理解"借物喻人"写法的好文章，在教学中应该予以涉猎，帮助学生们打好习作中运用"借物喻人"这一写法的基础。

"May I have a pie，please?" 教学设计

执教教师：王伊林

学科：英语

课题：May I have a pie， please?

课型：新授课

教材分析：

本课是上海教育出版社牛津英语一年级第一学期 Unit 9 中的一课。本单元主要围绕食物这个话题开展各项活动。本节课是第 9 单元的第 3 课时，本课通过信息技术采用任务驱动学习、自主探究学习、协作交流学习等学习策略掌握基本的语言知识和语言技能，即听、说、认、读 pie，cake，hamburger ，pizza 四个单词和用 May I have... 句型来完整地表达自己对想要食物的询问，培养学生在完整的语境中使用单词，为将来运用英语进行交流奠定基础。并通过介绍自己喜欢做的事，增进同学之间的了解，并培养同学之间的团结友爱和合作精神。

学情分析：

一年级的学生已经具备了一定的英语学习能力，但他们运用英语进行思维的能力较差。他们对新授内容兴趣浓厚，但在机械操练时积极性会大大降低。他们易于从多角度、有变化的多维语言训练中接受语言知识，但注意力却很容易分散。

教学目标：

1. 知识与技能目标：

（1）学习 4 个表示食物的单词：hamburger，pizza，cake，pie。

（2）能正确使用疑问句 May I have...，please? 来表达想要的东西。

2. 过程与方法目标：培养学生的观察能力，提高语言的实践运用能力。

3. 情感态度与价值观目标：通过哼唱歌谣、参与活动游戏等增强积极参与交流的意识，对英语学习充满兴趣，树立学好英语的自信心；了解中西方饮食文化的区别。

教学重点：正确理解 4 个表示食物的单词 hamburger，pizza，cake，pie；能用祈使句 Smell/Taste... 表达自己的想法。

教学难点：能在情境中使用重点单词和句型模仿对话进行相关练习。

教学资源：本节课以多媒体信息技术为桥梁，以语言训练为主线，以创设情境为手段，以综合运用为目的，使用任务型教学法、情境教学法、游戏教学法和合作体验法，配合交互式电子白板、多媒体课件、教学卡片，多种信息化平台、竞技比赛等多种教学辅助手段，让学生在情境中感知，在感知中运用和提升。

教具：教学单词卡、多媒体软件、学习卡

学具：学习卡

教学过程：

一、情境体验，点燃幸福

1.Warm up 热身导入，激发兴趣

英语歌谣表演 If you are happy

（设计意图：Chant 能使学生感到轻松、愉快、满足，产生兴奋情绪，在明快优美的旋律中，不仅让学生感知到了歌曲的乐趣，又调动了学生的学习兴趣，为下一步教学做好准备。）

2. Presentation 创设情境，引入新课

课前学生已通过教学助手中的微课了解了四个单词，再次通过多媒体创设情境（互动课堂里的聚光灯功能）"Look，this is a snack bar .What can we eat in the snack bar?"引导学生回答："apple pie ..."等一些食物单词。

（设计意图：这样利用多媒体课件创设情境，学生探索新知的欲望非常强烈，他们带着强烈的好奇心和浓厚的学习兴趣，积极主动地开始新知识的学习。）

二、情理交融，合作探究

1.出示图片，学习"hamburger，pizza，cake，pie"，自然呈现本课要教授的新词。

2. 游戏 What's missing? 通过句型"What's this?"展现这些单词，然后跟读，最后通过游戏考查学生对单词掌握的情况。（用白板进行游戏并利用互动课堂中的小组评分功能进行分组加分）

（设计意图：在此情境下可以充分集中学生的注意力，让他们积极参与课堂，通过大胆张口说英语给自己带来自信，通过给小组加分培养集体荣誉感。）

3.Activity1：因为对"May I have... ？"此句型掌握有一定的难度，我设计了一个猴子摘桃的游戏来进行难点反复操练。这个环节通过教学助手中的随机选人，

让学生产生紧张兴奋的感觉，被选中的学生到白板上触摸选择，为这个难点的攻克增加了很多乐趣。

（设计意图：通过这个游戏复习巩固重点句型并锻炼学生的识词和造句能力。）

4. Activity2：之后为了将重难点结合操练，我利用白板的媒体播放功能播放一段去饭店的视频，让学生观察模仿，然后进行分组练习和表演。

（设计意图：利用教学助手中的计时器功能设置时间，让学生在规定时间完成对话，树立时间观念。通过播放点餐过程，让学生作为主角模仿动画中人物的语音语调，从而为下一步表演做准备。）

5.Activity 3. Make a new dialogue

结合以前学的对话来编完整对话。运用多媒体教学系统，使学生通过视听感知英语语言素材，发展视听能力。同时，充分发挥教师的主导作用和学生的主体性和创造性，为实现英语交际打下坚实的基础。用学生感兴趣的食物进行重点语句操练，这样可吸引学生的注意力，激发学生的学习动机，进而启发学生的思维，提高教学效率。

（设计意图：此环节是一个放松的环节，在这个真实的情境里学生自由交流沟通着。这个过程真正体现了在做中学，学了就用的原则。它进一步调动了学生的学习积极性。）

三、情智协同，反思拓展

巩固操练（Practice）阶段，我利用孩子们都很喜欢的"愤怒的小鸟"游戏进行最后的重难点单词句型总结，通过这个游戏复习巩固本课所出现的重难点句型，

（设计意图：通过此次活动又掀起一次学习的高潮。激发学生的兴趣，让学生在玩中学，学中乐，培养学生的集体荣誉感。在游戏的快乐和兴奋中掌握所学知识，有效解决了学生操练时新鲜感降低的问题，提高了英语教学的效率。）

四、情意共生，健康成长

练习提升（Exercise）阶段，我通过多媒体 Play a game. 设置连线、单词配对、选择题等题型。

（设计意图：利用白板人机交互、反馈及时的特点，让学生把白板作为操练工具，在主动参与、主动思考、主动实践的过程中达到熟练掌握运用所学知识的目的。）

德育渗透：对待任何人都要有礼貌。饮食要注意，少吃快餐，珍惜粮食。

作业布置：

1. 在线上复习本课微课（已在教学助手中录制了本课上课内容）。

2. 和父母一起制作一份电子菜单并教父母如何用英语去饭店点餐。

3. 画一张思维导图并上传至自己的学习空间。

（设计意图：利用网络资源平台的开放性、互动性，鼓励学生提交线上作业，个性化展示学习成果，布置让学生喜欢的、乐意完成的课外作业，不仅能巩固学生所学的知识，还能增强学生学习英语的兴趣。教师可根据学生的特点设计出形式多样的课外作业，让学生在作业中游戏，在作业中学习，甚至在作业中培养创新能力。）

学生学习效果评价：

1. 本节课上，学生在丰富多彩的教学情境中学习效果显著。这得益于学习资源呈现方式的改变，实现了教学方式的创新。

2. 我们在信息技术与课堂教学的整合及创新应用，不仅仅是一种方法上的更新，更重要的是把信息资源带到了课堂教学活动中，合理、灵活地运用信息技术，开发了英语教学资源，拓宽了学生学习渠道，改进了学生学习方式，提高了教学效果。

3. 本节课后，学生利用网络资源平台提交作业，尽情展示自己，教师利用平台鼓励、欣赏学生。在交流与互动中，学生体会到了成就感，也在这种成就感中爱上了英语学习。学生不再是只知道接受教师传授的知识、只会记忆与背诵、不善于创新也不敢于创新的学习者。信息技术更为学生提供了极为丰富的信息资源和不断更新的各类知识，任学生自由地遨游在知识的海洋中，使他们的想象力插上翅膀，能力和创造力在探索的过程中也油然而生。

"我们小点儿声"教学设计

执教教师：朴明玉

学科：道德与法治

课题：我们小点儿声

课型：新授课

教材分析：

"我们小点儿声"是人教版道德与法治二年级上册第三单元的内容。本单元主题是"我们在公共场所"，都是教育学生在公共场所应该注意的事项。本课主要让学生知道在公共场所要讲文明，不能大声喧哗，自觉遵守公共秩序，做一个文明的小学生。其中包含了"教室里有点吵""做个小小'调音师'"和"这里也要小点儿声"这三块教学内容。

学情分析：

二年级的学生公共意识还不强。部分学生由于生活环境等各种因素的影响，行为习惯不够文明，对公共场所的注意事项知道的并不多。例如，经常会在课堂以及其他公共场合大声说话，导致宁静的氛围被破坏。他们对于公共空间应小声说话、不影响他人的意识还较为薄弱。

教学目标：

1. 知道在公共场所应低声说话，不影响别人。

2. 能做到在公共场所保持安静，不打扰他人。

教学重点：

1. 知道在公共场所应低声说话，不影响别人。

2. 能做到在公共场所保持安静，不打扰他人。

教学难点：

1. 知道在公共场所应低声说话，不影响他人。

2. 懂得在公共场所应该保持安静。

教学资源：教学课件、教学板贴、视频

教学过程：

一、点燃幸福，情理交融

课始，通过点评学生课前导学，得出结论，即吵吵闹闹会使我们感到很不舒服，所以我们要控制音量，引入本课的学习主题：我们小点儿声，领学生再小声读读课题，加深对"小点儿声"的理解。

用一段校园实际生活的视频引入，让学生从视频中初步感知吵闹的危害。视频是学生午休时教室里的片段：有的学生在写作业，有的同学在休息，同学从教室外面回来重重的关门声，大声说话的声音。从生活视频导入能调动学生的兴趣，也会唤起孩子们对平时生活中的回忆，激发学生的兴趣。

二、情理交融，合作探究

课始的视频导入激发学生的学习兴趣，同时引发学生的思考——这些吵闹的声音让我们感到不舒服的同时又会给我们带来怎样的影响呢？思考前，我会帮学生理解什么是公共场合——像这样有你、有我、有他的地方就是公共场合。同学们再

根据生活实际列举出学校、图书馆、公交车、医院、电影院这类的都是公共场合。再通过小组计时讨论的方式，让同学们来深入探究吵闹的危害。课上小组讨论时，孩子们从具体的事件中，通过讨论知道在公共场合大声说话是不对的，会影响他人，影响形象，同时会影响健康。

此环节从学生熟悉的学校环境，慢慢地，将他们生活之中经常接触到的公共场合呈现出来。小组讨论方式，让学生真正地感受到吵闹的危害，并要学会去当一个"小小调音师"。

三、情智协同，反思拓展

吵闹会给我们带来各种各样的危害，但是在生活中我们又该如何调节呢？此环节课堂上利用信息技术手段对孩子进行一个简单的测试。通过测试，同学们知道医院是公共场合，不能大声放动画片而影响他人。随后学生发出了质疑，那我们应该怎样去调节自己的声音呢？这时我为同学们出示了音量等级表，在介绍音量等级表时，展现两种典型的情景，学生知道了应该用几级音量在公共场合说话。如：出示1级音量——耳语，对同学说句赞美的话，同学们就自主地贴着同学的耳朵说出赞美的话；出示4级音量——大声，体现我参加教职工跳绳比赛，学生们是小观众，通过为我呐喊助威，同学们掌握加油呐喊应用4级音量。通过小活动来调动学生自主思考的积极性，根据我提供的示范，一些学生也为同学们展示他们所理解的音量等级。小活动不仅引发学生自己的思考，还让学生反思自己平时生活在公共场合的一些行为是否合理。

活动是本学科基本的教学形式。学生课上由实践到认知再到实践。在每一个生活场景的再现中，学生都会先观察感受，寻找原因，然后再有针对性地提出自己的意见，从而能用自己的方法去解决问题，这便达到了本节课的目的。

四、情意共生，健康成长

学生懂得了在公共场合应小声说话，也知道了应该去控制自己的音量，可是在实际生活中真的遇到了如何去做呢？通过5幅图片，让小组同学进行讨论，遇到以下场景，你们会如何解决？

场景1：在图书馆里，小明和小美说想借一支笔。

场景2：课上，小组讨论时，同学坐得很远，还有的同学会抢着说，声音总是小不下来。

场景3：同学们上楼梯时有的同学脚步很重，还有的同学拉杆书包发出很大的声音，经常传来刺耳的声音，让人听了很难受。

场景4：你和妈妈一起坐公交车回家，妈妈很大声地打电话，打扰到其他人。

场景5：你正在电影院里看电影，突然听到旁边的阿姨在大声接电话。

以小组形式上台汇报，同学们根据学生的表演给予评价，他们哪里值得大家学习？

此环节通过创设情境，让学生身临其境地去探究、去尝试、去思考。学生思考表演的过程，就是落实具体文明行为的过程。学生的道德教育不能脱离生活，此活动正是引导学生将课堂所学应用于今后生活的尝试。小组的表演作为教学的范例，就是同学们得以借鉴与反思的内容，是最真实的德育教育，是更好地达成目标的关键。

作业布置：

低年级"道德与法治"课程的总体目标是培养学生良好品德与良好的行为习惯。这一目标的达成在一节课中是难以实现的。因此，应有意识地注重学生的课后延伸与拓展，发挥同伴、家长的作用，让良好习惯的养成成为学生日常生活中的一部分。为此我设计一个表格"你今天小点声了吗？"场景有：小组讨论、课间玩耍、上下楼梯、排队做操，这几个场景正好和课前呼应，剩下的场景我进行了留白，让学生自行选择生活中他们所接触到的场景进行卡片填写。通过后期持续的跟踪，帮助学生慢慢养成好习惯。

学生学习效果评价：

通过创设情境让学生自主学习、小组探究等方法，达到对学生的道德教育和价值观教育。学生通过本课的学习，掌握了公共场所的注意事项，知道了在公共空间应小声说话不影响他人提高了自己的公共意识。认知由近及远，由浅入深，层层递进，由此明确，在公共场所应该低声说话，不影响他人，这是尊重人的表现。本课最后也回归到了本质——学生从生活中发现问题，最后还要回到生活中解决问题。

"画中的线条"教学设计

授课教师：王安宇

学科：美术

课题：画中的线条

课型：绘画

教材分析与学情分析：

线条来源于生活，又表现生活。线条渗透在孩子学习、生活的每个角落，他们用线条造型，用线条表现。随着年龄的增长和学习生活经验的积累，孩子运用线条进行表现的能力日趋加强，而且生活中的各类事物，如植物、服装、建筑、工艺品等都在向孩子彰显着线条无穷无尽的魅力，这都为本课学习线条的各种形状、体会线条的美感特征打下了基础，但孩子对生活中美丽的线条艺术却有点熟视无睹，需要教师引导。这一课中展示了线条的不同魅力，它不是简单的一根线条，它是传达人情感的纽带，它给人以多种感受，从中获得审美的愉悦，它是靠人的感情控制支配的，不同粗细、快慢的线条都表达着多种感情。本课力图让学生在看一看、说一说、做一做、想一想、评一评的过程中，提升学生的审美情趣，提高学生用线条表达情感的能力。

教学目标：

1. 认知目标：认识线条的多种变化，理解不同的线条变化产生不同的情感美和艺术美。

2. 操作目标：尝试画出不同形状的线条，运用线条来表现一个完整的形象，体会线条丰富的变化，体验艺术创作的快乐。

3. 情感目标：欣赏绘画的线条造型作品，感受线条美及其赋予的生命力和情感，提高学生的审美能力。

教学重点：通过对画面的分析，认识线条的表现力，学习对画家作品的分析和评述。

教学难点：通过对画面的分析，认识线条的表现力，学习对画家作品的分析和评述。学生能将对线条的认识，初步运用到绘画作品中。

教学资源：

教师：丝带一根，课件，作品2张，勾边笔，白板，实物展台

学生：铅笔、勾边笔，16开彩纸

教学过程：

一、情境体验，点燃幸福

教师准备一根丝带，摆动丝带，让学生说可以用什么线条表现出来。（直线、波浪线、弧线等）学生用手在空中比画着画出来。

师：大家说得非常好，观察得很仔细。这些漂亮的线条，在我们绘画的时候，经常用到。线条是我们绘画的语言。这节课，我们来学习"画中的线条"。

二、情理交融，合作探究

首先，我们从植物、风景、动物、建筑等方面来研究一下，看看自然界中的线条与生活中的线条有哪些联系。

看看绿色的有生机的植物，有哪些你认识的线条？（直线、弧线等）线条密集，给人的感觉是植物生长得很茂盛。

无生机的干枯的树干，有哪些线条？（螺旋线、弧线）线条稀疏，没有生机，但也能表现出事物。

一个线条密集、一个线条稀疏，两幅不同的景物，但却都表现出了风景的美丽。

群山的直线多，使得群山更加的雄伟、巍峨、险峻。梯田的波浪线，显得梯田的梯度大。

动物身上也有漂亮的线条，加上艳丽的羽毛颜色，使得我们更加喜欢小动物了。

高塔、长廊、教堂、购物中心、瓷砖，都有各种各样的线条。

墙头上、大桥上，也有漂亮的线条。

其实，在我们的服装上，也有线条，看，多漂亮的线条啊。

扎彩灯，也用到了线条，用竹条扎龙骨，再进行装饰，增添了节日的气氛。

焰火、夜晚的路灯中也有线条的出现。看，好美啊。也是一道亮丽的风景线。

我们发现，生活中处处有线条，那你们认识老师画的线条吗？（老师画线条，学生说出名字）

很棒，都认识。

请你描述不同线条所带给你的感受。（老师总结）

三、情智协同，反思拓展

说得真好，看看老师的这两幅画，主体物都是船，一艘船在平静的水面上，一艘在狂风之中，谁能把水的感觉表现出来？（用实物展台，2名学生用勾边笔画出来）

真棒，线条画得很形象，我们发现，不同的线条反应的效果不同。

线作为绘画的重要造型语言，在画家的笔下包含对所表现物象的理解以及丰富的艺术美感。

绘画作品中的线条来源于生活，但与生活中的线一样吗？为什么？

《长城》这幅画中，线条有哪些？给你什么感受？

小结：画中的线有长短、粗细、方圆、曲直、轻重、浓淡、干湿、疏密、聚散、起伏等无穷的变化，这些线条反映出画面的环境、质感、节奏等。

考考大家。看谁的感受最好。

不同线条的变化，给人的感受也不同。

《黄河逆流》作品分析。以什么线条为主？线条给你什么感受？

《放牧图》画像砖线条给人什么感受？

《八十七神仙卷》线条给人什么感受？

小结：艺术家在进行美术创作时，会根据主题的需要运用相应的线条反映出环境、质感、节奏等，画面的线条反映出作者的个性和兴趣。

四、情意共生，健康成长

线条是美术家表达自己思想感情和创作风格的绘画语言。

猜猜她是一位什么样的女士？体会画家画这幅画时是怎样的心情？

师：运用流畅、简洁的线条表现了一个宁静思考的少女，从其舒缓的笔触中，可以体会到他的内心平静如水。

这幅作品的线条风格与马蒂斯《女人》中的线条有什么不同？给你怎样的感受？

师：线条表现出了农民的朴实与粗犷。线条表现出了顽强不屈的胡杨。

作业布置：

我们看了生活中的线条，欣赏了画家笔下的线条。那你们想不想像大师们一样，描绘一下美好的生活？（出示要求）注意线条的疏密、粗细变化。

学生学习效果评价：

线条不但可以塑造生动的形象，而且还可以传达画家的思想。例如，画人物的线条多采用曲线，线条较细，很流畅，脸部一般线条很少；画景物一般线条种类多而且复杂。根据不同物体的特点，线条有粗细、疏密变化。孩子们在绘画作品中用不同线条描绘了美好的生活。

四、幸福课堂的教学评价

课堂教学评价应该促进学生生命成长。站在学生生命成长的角度关注教育、审视课堂，应成为当今课堂教学评价的新理念、新趋势。

1. 评价主体的多元性

新课标明确指出：实施评价，应注意教师的评价、学生的自我评价与学生间的相互评价相结合。来自不同主体的评价意见，才能真实反映课堂教学，从不同角度看待不足和进步，使课堂教学最大限度地满足学生学习发展的实际需要。

（1）教师评价

教师评价是一种最普遍的评价方式，体现了教师的主导作用。为了更好地激发学生的学习兴趣，增强他们的自信心，促进他们的思维发展和心理健康，教师应结合学生的日常表现来看待评价结果，多鼓励、表扬，少批评、惩罚，尽量用激励性的语言和形式进行评价。

（2）自我评价

自我评价是培养学生主导学习、自我监督、自我反思、自我调节的有效途径。在教学中，学生在表达、展示和合作学习等过程中，教师应引导他们对自己的表现作出判断，还要多鼓励学生做自我反思，找出自己的进步和不足。

（3）学生互评

对学生来说，参与评价也是一种好的学习机会，能在评价别人的同时修正自己的错误，弥补自己的不足，易于形成积极、友好、平等和民主的课堂学习氛围。

（4）家长参评

充分利用家长的智力资源，让家长参与教学和评价，不仅可以使家长了解到学生在学校发展的现状，也有利于促进教师的专业成长。

2. 评价方式的多元性

课堂评价不应拘于一种形式，而应因人而异，因课而异，因时而异，因发生的情况而异，教师可以创造性地对学生进行评价，使被评价的学生都能得到学习成功的满足，提高学习的兴趣，并能积极主动地投入到学习，真正让课堂评价发挥应有的魅力。比如，可以采用个人成长记录档案评价，记录档案可以包括优秀作业、艺术作品、日记、活动掠影等等；也可以利用网络学习空间，实时记载成长中的点滴，师生之间、生生之间还可以通过网络空间进行沟通和交流。

3. 主要的教学评价方式

（1）重视过程性的档案袋评价

档案袋也被称为成长记录袋，主要是收集、记录学生自己、教师或同伴作出评价的有关材料，学生的作品还有其他的证据与材料等。它能够综合地从德智体美劳等方面对学生进行考查。美国教育心理学家莱德勒按照功能将档案袋评价划分为五种类型：理想型、展示型、文件型、评价型和课堂型。其中课堂型档案袋评价是教师对课堂教学中学生学习状况、自主探究、小组合作等多种情况的描述。

（2）重视生成性的表现性评价

表现性评价不仅关注表现结果，也关注表现过程，可以很好地促进学生身心的全面发展和生命成长。其操作过程是：确定评价目标——设计评价任务——确定评价标准和方式。

曙光小学"每人一课"教学活动课堂教学评价表

评价维度		评 价 要 点	权重
教学目标		有知识、技能和情感教育因素；目标明确、具体、恰当，符合学生实际	10分
学生活动	注意状态	看学生的目光是否追随发言者（教师、学生的一举一动）；看学生的回答是否针对所问；看学生的倾听是否全神贯注	40分
	参与状态	是否全员全程参与；是否积极投入思考或踊跃发言；是否自觉进行练习（听、说、读、写）	
	合作状态	看学生是否积极参与研究、探讨。勇于发表自己的意见，听取和尊重别人的意见；看整个课堂教学氛围是否民主、和谐、活跃	
	思维状态	看学生的语言是否流畅、有条理，善于以自己的语言说明；看学生的回答或见解是否有自己的思考或创意	
	情绪状态	看学生是否态度认真、学习热情、兴趣浓厚、生动活泼	
	生成状态	是否全面投入学习，有满足、成功、喜悦等体验；学生能否总结当堂学习所得，或提出新的问题	
教师活动	教学设计	是否体现了实用性、创造性且无知识性错误；能否紧扣目标设计，有效解决重难点；能否体现学生主体和教师主导作用的发挥；是否体现学科教学特点，符合年段课程标准的要求	30分
	组织教学	教学风格是否鲜明、有特色、有亮点；驾驭课堂的能力是否灵活；是否使用普通话进行授课，且教学语言规范、清晰；是否给学生提供充分自学、思考的时间和空间；是否关注全体学生，尊重个体差异，满足不同需要；是否培养学生良好的学习习惯，教给学生学习的方法，激发学生的求索精神；板书设计是否精练、美观、书写规范；是否能恰当、灵活运用电子白板教学，突出解决教学重点、难点	
	教学评价	是否采用灵活多样的评价方式，语言富有激励性和启发性；是否能对学生的学习态度、学习的过程与方法也进行评价	
教学效果		师生之间的互动沟通是否民主、愉悦；学生的学习及应用能力是否得到提升；学生的思维是否得到了发展；课堂中是否做到讲练结合，且时间搭配合理；是否完成教学目标，突出解决了重点、难点	20分

五、幸福课堂故事

静待花开

教师姓名：崔燃　　任教学科：数学

【故事背景】

阿迪同学虽是个小女生，但由于家长娇惯，她的各方面习惯极差。在她头脑中，完全没有纪律、集体观念，课间操不肯出去，经常躲猫猫，上课经常发出"海豚音"，她的课桌极乱，零食、书本堆得横七竖八，脚下更是一片狼藉：书包、衣物、水果占地一大片，要想从她身边过，得跨越！有几次差点绊倒我，我摇头，我愤怒，我对她歇斯底里，可这一切都无济于事！

每当我严厉批评她时，她便号啕大哭，边哭边喊："我讨厌你……"，五官聚在一起，像一个小怪兽，我从心底排斥她，讨厌她！

她今天不带书，明天不带本，让人无奈，让人头疼，更让人心堵。不写，不算，东张西望，看到别人挨批评，她还幸灾乐祸，全校老师都认识她，她的故事有一火车，总之，这是一个十分"出名"的女孩！

【故事情景】

有一天，我一共出8道测试题，她只做对了3道题，我顿时火冒三丈，对她厉声呵斥，我想这就是压死骆驼的最后一根稻草吧。这时我班一个很懂事的小女孩走到我身旁，悄悄对我说："老师，我认为这种方式不对，我都接受不了，不如咱们一起来帮她吧！"一语惊醒梦中人！突然间我很惭愧，我不如一个10岁的孩子有爱心吗？同时觉得我很不理智，很失败，无论怎样，她毕竟是一个孩子，她可能懂事晚一些，"迟开的花朵更鲜艳"，这就要求我们像对待自己的孩子一样，不轻易放弃，充满爱心，更要有耐心，与其批评她一小时，不如鼓励她十分钟！对我来说，她只是四十分之一，可是对于一个家庭来说，她是百分之百！顿时，我深感肩上的担子好重，这一夜，我失眠了，"假如她是我的孩子"，这个念头一直在我脑海里，挥之不去！于是，我下决心来帮助、改变这个孩子！

从第二天开始，我便以全新的眼光对待她。每节上课，我都关注她，课下和她谈心，我发现她知识面很广，她爱好唱歌，讲故事，于是我让她在全班展示她的强项。慢慢地，她建立起自信心了，学习上也不甘落后，一段时间下来，她像变了个人似的，自我约束能力强了，学习很积极也很主动，她妈妈特意来到学校，握着我的手，眼里噙着泪花，说："老师，你改变我们全家人的命运，因为这孩子，我

和她爸爸差点离婚了！"这一刻，我感觉比中大奖还要高兴，还要幸福！突然间，我觉得自己好伟大！这一刻，觉得我的一切付出都值得！

【故事评论】

其实，教育是一个漫长的过程，有时是我们太急于求成，本来播种与收获不在同一个季节，对于那些"另类"孩子，我们何不多一些耐心，多一些思考，静待花开呢？

语文教学，爱的教育

教师姓名：朱岩　　任教学科：语文

【故事背景】

每一个孩子都是一个天使。

每一个孩子都需要关爱。

每一个孩子的内心都有一个属于他自己的世界。

我喜欢语文教学，在与孩子们长期的接触中，思想发生碰撞，会遇到许许多多的事情，让我欢喜让我悲。

【故事情景】

前几日，在教学《等我也长了胡子》一课的时候，我的一个问题激起了他们的思考："假如，你就是小作者，你心目中的父亲或者母亲应该是什么样的？"他们各抒己见，各自述说着每个人心中理想的父亲母亲的形象。这不仅仅是一种向往，其实，在潜意识当中，这个愿望应该是他们的父母亲在生活当中没有做到的，甚至是欠缺的部分。也许是长期的一种期待，更或许是因为他们的父母并不在身边，所以，他们说起来的时候，无所顾忌，侃侃而谈。我跟孩子们互动着，也感动着，感动着我们作为人父人母，还有那么多的不足，可是，这群孩子却依旧用自己的方式毫无保留地爱着他们的父母。

这时候，一个瘦弱的小男孩儿站了起来，显然，他是一个羞涩的小孩子。平时并不善于表达他的思想，可是，这一刻，他有着强烈的表达愿望。他胆怯地站起来，有些结巴地说："我希望……我希望……我希望……我的爸爸每天能早点儿回家来陪陪我！"随着他弱弱的声音响起，我看见，两行晶莹的泪水随之流了下来！

我的心为之一动。就是这么朴实的语言，就是这么真挚的感情！这是一个多么脆弱的孩子！他的情感期待其实只是这么简单！他的背后有怎样的故事？我不由得感到自责起来，这个孩子，年龄比其他的孩子还大一点儿，而他的学习成绩与年龄并不成正比。他学习成绩几乎在班级最后，他的书写极其脏、乱，每次写字的时候，手的姿势都令我咋舌，他的手并没有毛病，可是，却没有学会正常握笔，以至于书写出来的字歪歪扭扭……总之，在我的记忆当中，我并没有寻找到他的闪光点，他就像一颗小小的沙粒，静静地躺在那里，与其他同学时刻的喧闹极其不同。说实在的，我对他的关爱真的不多。我慢慢地走过去，伸出手抚摸孩子的头，"宝贝儿，你怎么了？你的家里有什么事情吗？""哦，老师，我，我没有什么事。"然后他又安静了，我拍拍他的头，他下意识地把头往我的身上靠了一靠。他不再说什么，用小手擦了擦脸上的泪水，不好意思地笑了一笑。是为刚才他的表现影响了课堂教学而表示歉意。我笑了，知道他不会再说什么了，课堂教学继续，而那孩子刚刚的两行泪水却深深地刺痛了我。

课下，我的心情久久不能平静。我拨通了孩子父亲的电话。真的，我早就应该跟他的父亲联系一下了。原来，这是个单亲的孩子，母亲已经几年没有来看过他，父亲迫于生计，也没有时间照顾他。于是，这孩子大部分的时间都是在课后班中度过的。孤独与寂寞是陪伴孩子最多的东西。当别的孩子在父母的陪伴下大声欢笑的时候，他站在窗前看着爸爸来接他的那条路；当别的孩子跟父母共进晚餐的时候，他坐在桌前等着父亲来接他回家。这么大的孩子，有家长的陪伴，有正确的引导，才能使他的心里充满阳光。可是，他没有，他只是每天乖乖地上学，乖乖地等待父亲接他回家的一瞬间的温暖。

【故事评论】

在这以后，朱老师会更多地关注这样的孩子。语文教学，不仅仅是要教会孩子看书写字，更应该根据教学内容引导孩子，抚慰孩子的心灵。每一个孩子都是我的宝贝儿，我要在课堂教学中关注每一个孩子的成长，关注每一个孩子的思想，关注每一个孩子的成绩，让我教过的每一个孩子都能得到最大限度的发挥，让每一个孩子都徜徉在语文知识的海洋中扬帆远航。

一支钢笔的效应

教师姓名：姚冬花　　任教学科：语文

【故事背景】

"没有教不好的学生，只有不善教育的老师。"是啊，作为一名老师就应该

有一双慧眼，善于捕捉孩子身上的每一个闪光点，用发展的眼光看待学生。

对于学生有了错误，既不能"治"也不能"堵"，而应用爱心和智慧走进学生的内心世界。精诚所至，金石为开。儿童再"顽"再"劣"，只要下到了功夫，也有"金不换"的时候，所以我从不放弃一个学生。

【故事情景】

我班有一个学生，叫"胡仲达"。自我接班以来，对他的教育反反复复。运用了以往的鼓励法，偶尔表扬他书写有进步，偶尔表扬他发言声音洪亮，偶尔表扬他劳动积极肯干，眼中有活……但他的改变就是不大，好好坏坏总是回到原点，有些时候真的令我烦恼，感到无从下手。

他的家境不是很好，有时需要准备的学习用具总是不能及时拿来，甚至没有一支好用的钢笔，致使他的本薄脏、字还乱，有时用很粗的铅笔写字……这个发现提醒了我。没有钢笔，怎能写好字，如同战士上了战场却没有枪嘛！于是我找了一支好用的钢笔，抽好水，写字的时候递给他。令人欣喜的事发生了，胡仲达一笔一画地写字，看提有多认真。我在班内巡视的时候，意外发现他的字原来那么工整，那么漂亮。作为老师，我不由自主地将他的本在全班展览。同学们发出了赞赏声，眼光流露出的惊讶使我振奋，更使胡仲达振奋。于是我激动地在全班面前大声宣布："胡仲达的转变、美好的未来从有了一支钢笔开始，他再也不会重复昨天的、过去的故事。"

真的不出所料，自此后，顽皮的他真的改变了。上课积极发言，纪律也好了，午休管理上下楼的纪律也能顺利完成。他乐在其中，作为老师的我同样享受着成功的喜悦。

【故事评论】

一个顽劣学生的转变，更坚定了姚老师的教育信念。正如开篇的那句话："没有教不好的学生，只有不善教育的老师。"让我们都有一双发现美的眼睛吧！在教育中，如果我们能用心去营造一种充满真情与关爱的氛围，良好的教育就有了最切实的保障。

感悟书法之美

教师姓名：李瑞梅　　任教学科：书法

【故事背景】

小学生练习书法往往眼高手低，原因在于，相对某一个人来说，其观察审美能力可能比较强，但实际动手书写的能力还不够，不能很好地把观察审美能力转化为书写能力。汉字书写，有其独特的魅力。硬笔书法只需一支铅笔、一份稿纸和一颗想写字的心，就能投入其中。

【故事情景】

在我的硬笔书法课上，经常是学生们听着轻音乐，提全身之力描摹着汉字，一派宁静平和的气氛。

我在教学汉字书写时从偏旁部首出发，当学生掌握好它们的写法后，对书写同一部首的字，就会举一反三。在一次课上，我讲解的是"双耳刀（左）"和"双耳刀（右）"的写法特点。我边范写边对学生们说道："同学们，看，这样的双耳刀一般在左边，耳廓不要太大，右部两个耳廓对齐，这一竖很关键，我们在这里使用垂露竖。"话音刚落，马上有学生提问："李老师，什么是垂露竖啊？"我笑笑说："你们不要着急，等老师慢慢给你们讲解。"说完，我就播放了网上找的关于垂露竖写法的动画，学生们对此兴致盎然。到了课堂的中后段，我开始讲解在右边的双耳刀了，于是出示了左右两个双耳刀，让学生们比较它们的区别。学生们纷纷举起了自己的小手。小个子陆栩萱说："右边的耳朵比左边的耳朵大，尤其是下半部分的耳廓，弧度要大很多。""她观察得非常仔细！还有同学有别的发现吗？"我一边勾勒着"一竖"的轮廓，一边耐心地引导他们发现右耳朵这一竖中的奥秘。果然，聪明的秦佳媛举起了手："右耳刀这一竖下半部分好像比左耳刀那一竖要细！""太聪明了！"我兴奋于学生一下子就说到了点子上。接着，我向他们讲解悬针竖的写法，也出示了动画。"同学们，你们看，这一竖收笔的时候要慢慢向上提，由粗到细，笔尖有力，好像一根针一样往下扎，刺得人很疼，所以这种竖法就叫作悬针竖。"我在黑板上勾勒出了悬针竖的轮廓，让学生充分感受"悬针"的锋利。

【故事评论】

由于儿童认识的发展尚处于无意识阶段，对书法学习缺乏目的性，不能在意志上主动做出种种努力，这就有赖于老师掌握儿童的心理状态、感知规律，增强刺激强度来吸引少儿的注意力，激发少儿学书法的兴趣。例如：通过班级书法比赛、小展览、我当小老师等形式来促进儿童学习书法的兴趣，增强教学效果。多用"优秀"调动学习欲望，学生字写得好的，获了奖的，参加过书法表演的，等等，都可以打"优秀"等级；按时完成作业的，进步较快的，书写习惯良好的，也可以打"优秀"等级；上课发言积极的，书法故事讲得好的也可以打"优秀"等级。这样一来，几乎每个孩子都能发掘出其闪光点，让学生从心理上得到满足，从而增大学好书法的欲望。

勇敢表达，才能获得学习的幸福感

教师姓名：陈敏　　　任教学科：音乐

【故事背景】

在我三十多年的执教生涯中，能让我记忆深刻的课堂教学中的偶发事件有很多，但让我感触很深、反思最强烈的是孩子们自己解决的一个小难题。

若干年前，在一节很正常的歌曲教学音乐课上，课程进行得很流畅，孩子们的学习兴趣很浓厚。可是，当课程行将结束时，一个出乎意料的事件打破了这一宁静。

【故事情景】

这是第十册第一单元第二首歌曲的学唱教学，歌曲的曲谱大致由学生在教师琴声的引导下自学完成。唱到结束句时，问题出现了，孩子们纷纷议论到："这句怎么这么别扭哇！""这句的感觉真难受！"我想，这是孩子们本能的一种对音乐美感的向往。因为这一乐句别扭的原因是基础乐理中关于和弦的倾向与解决的问题。

这一乐句是这样的：

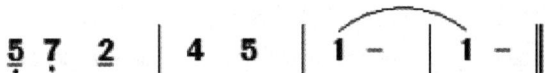

属七和弦 5724 应该解决到 13 而不是 15。虽然都是主和弦，但由于大调属七和弦中的七音？更倾向于 13 而不是 15，所以歌曲中的解决方式有些突兀，才造成了感觉上的别扭。

我首先肯定了学生的想法，然后问他们有什么解决方法。

孩子们立刻投入了热烈的讨论中。它们想出了很多方案，一个个地试唱、感觉。最后，孩子们一致认为：

　　感觉最好。

瞧，虽然我没有向他们讲解艰深的乐理知识，但他们对音乐美感的本能引导他们得出了合理的结论。为了支持他们的观点，我列举了两个临时想起的例子。一个是三年级学过的歌曲《山谷静悄悄》中的一句：

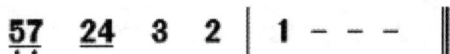

另一个是歌曲《我爱你，中国》中的一句：

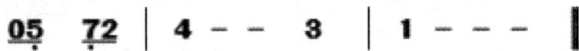

以此来证实这种解决方法给人带来的踏实的感觉。于是，这节课在老师和学

生都得到学习的满足感的情形下结束了。

【故事评论】

通过这个课堂中的小插曲使陈老师领悟到：

1. 要想给学生一碗水，教师要先有一桶水。陈老师在中专学习乐理时并没有接触过和弦的倾向与解决的问题，后来进修音乐专科课程时才学到。如果教师心里没底，遇到这样的问题容易敷衍了事。所以教师必须不断学习，自我完善，才能更好地驾驭课堂。

2. 可能有人会认为，这样较真和弦功能会不会束缚学生的想象力和创造力，陈老师的回答是"不"。和弦功能就像万有引力、守恒定律一样，是无数音乐前辈心血的结晶。它们自然有存在的道理，是音乐想象力和创造力的基础和根本。

3. 也许有人会认为学生们可能一辈子都接触不到这方面的知识，所以用不着如此费心。陈老师的回答仍然是"不"。要知道这些知识是千百年来无数音乐前辈积累的结晶，符合人类对音乐美的感知规律，而艺术教师有责任引导学生打好美学基础。

4. 在日常的教学实践中，一定要放手让学生发现、探索、总结。不然学生们遇到这样的问题，只能在心里疑惑而不会习惯于当场提出来。要让他们大胆提出假设，抓住瞬间的灵感，必须在日常学习生活中培养孩子们的自信。

细节决定成败，这些小小的细节之基石日积月累，假以时日，定会在学生心中筑起宏伟的音乐殿堂。

第四章

幸福教师

　　孔子说："志于道，据于德，依于仁，游于艺。"我们每一个人，最重要的是立志于道，慎执操守，仁厚为人，心无旁骛，游于各种技艺之中。"志于道，据于德"包括了精神思想，"依于仁，游于艺"则是生活处事的准则，只有具备这些才叫修行和学问。作为教师，更是要以德立身、以德立学、以德施教、以德育德。《中共中央国务院关于全面深化新时代教师队伍建设改革的意见》中指出："中国特色社会主义进入了新时代，开启了全面建设社会主义国家的新征程。我国社会主要矛盾已经转化为人民日益增长的美好生活需要和不平衡不充分的发展之间的矛盾，人民对公平而有质量的教育的向往更加迫切。"杨进副教授也曾指出："优秀的教师一定是一个具有较好的认知结构和深厚的教学功底的教师；一个注意吸收、消化他人的成功经验，并拥有自己鲜明个人风格的教师；一个从固定的、常规的、熟练的工作进入反思和探索期的教师；一个拥有处理、分析、研究教材的能力，并能因材施教的教师；一个具有相当强的创新精神与能力，将自己的实践经验总结上升到理论层面，能创造性地工作并推进教育改革的教师。"[1] 这就需要教师修业修

---

[1]　杨进，美好生活与学校教育 [M]. 长春：东北师范大学出版社，2014.

身，勤谨博学，需要教师爱生爱己，儒雅仁爱。对教育充满热情，对学生充满热爱，对自己充满期待。建立共同发展、相互支持的师生关系，也是教师职业幸福，乃至于人生幸福的构成。

一、幸福教师发展目标

随着时代的发展、科技的进步和教育的改革，教师已经不再是单一的知识的传授者，更是学生学习的引导者、课程的开发者、实践活动的示范者。学校一向重视教师队伍建设，在新的办学理念的引导下，培养生态理念下的幸福教师成为学校实施幸福教育的一项重要工作。

1. 教师发展的指导思想

（1）宏观指导思想

为贯彻《中共中央国务院关于全面深化新时代教师队伍建设改革的意见》决策部署，落实《教育部等5部门关于印发〈教师教育振兴行动计划〉（2018—2022年）的通知》（教师〔2018〕2号）工作要求，以《教育部关于实施卓越教师培养计划2.0的意见》为行动指导，坚持多层次、多渠道、多形式的原则，从培养幸福教师出发，在生态理念下，构建合理的学校教师培训体系，打造一支业务精、肯钻研、能创新的新型教师团队。

（2）学校总体思路

学校秉持着"以德立身、以德立学、以德施教、以德育德"的为师原则将"儒雅仁爱以为道，勤谨博学以为师"作为总体思路。

2. 教师发展的现实基础

到2019年12月截止，曙光小学共有49名教师，其中专任教师46人，占教师总人数的93.9%。50岁以上教师17人，占专任教师37%。教师平均年龄46岁，35岁以下教师仅5人，教师总体年龄偏大。学校教师平均学历较高，研究生以上学历1人，占教师总人数的2%，本科以上学历44人，占教师总人数的90%，全员教师达到大专以上学历。学校除2名年青教师没有职称外，具有副高级教师职称的教师13人，占全校教师的27%，一级教师职称的28人，占教师总人数的57%，二级教师职称的2人，占教师总人数的4%。

曙光小学教师队伍年龄结构

■ 50岁以上　■ 35—49岁　■ 35岁以下

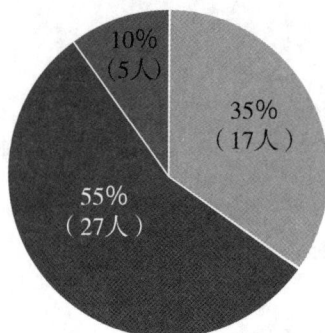

曙光小学教师队伍年龄结构

曙光小学教师职称结构

■ 副高级教师职称　■ 一级教师职称　■ 二级教师职称　■ 其他

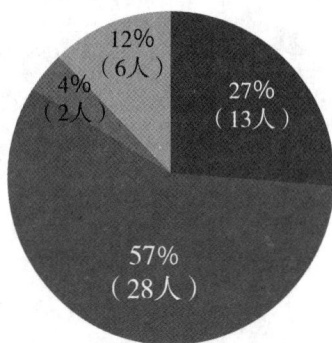

曙光小学教师职称结构

3. 优势分析

全校教师学历 100% 达到大专以上。中年教师是学校的主力军，具有比较丰富的教学经验，其中省级学科带头人 2 人，省级骨干教师 4 人，省级科研骨干教师 2 人，市级骨干教师 5 人，区级骨干教师、科研骨干教师 10 人。教师信息技术水平较高，95% 以上的教师能运用现代化信息手段授课，50% 以上的教师能熟练运用辅助教学的软件授课，10% 的教师能利用智慧教室进行授课。

学校的科研课题，教师参与率达到 100%，有 85% 以上的教师申报主持过个人小课题研究，75% 以上的教师获得科研成果奖。2015 年到 2019 年 12 月的五年间，我校教师 18 人次获得国家级课堂教学比赛大奖。单在信息化这方面，教师获奖达 321 人次，在连续五年的"全国小学信息技术与教学融合优质课大赛"和"全国中小学信息技术创新与实践活动"中，获得 1 个创新大奖、11 个一等奖、4 个二等奖。

张弥老师获第十四届"全国中小学信息技术
创新与实践活动"教育信息化发明创新奖

张弥教师参加全国儿童深度阅读教学观摩与论坛活动

4.教师发展需求

由于学校教师年龄偏大，如何应对老年教师的职业倦怠，激发一个并不年轻的教师团队的学习热情，成为学校教师培训工作的一个出发点。中老年教师的生理及心理特点使他们亟待拓宽视野，外出培训与学习的机会成为他们这个群体的发展需求。中青年教师培养的任务重，压力大，教育观念的更新以及教学创新是中年教师的发展需求，而积累教学经验尽快形成个人教学风格以及有效利用信息技术与教育教学有效融合，促进教育教学效果是青年教师专业成长的首要需求。

5.教师队伍的发展目标

（1）总体目标

通过生态教育特色学校的创建，建设一支具有主体创造性的高素质教师队伍，使教师具有较强的教育教学潜力、实践创新潜力和教育教学科研潜力，提高履行岗位职责和实施生态教育的潜力和水平，适应教育发展的新需要。

（2）具体目标

在生态教育理念下，学校以实施幸福教育为中心，培养"儒雅、仁爱、勤谨、博学"的幸福教师。儒雅指有文明修养、高雅气质；仁爱指以仁爱之心对待同事、学生、家长；勤谨指勤奋学习、严谨从教；博学指专业过硬、学识渊博。学校致力于从这四个维度来建设一支高质量的教师队伍。

二、教师队伍的梯队设计

为了使学校教师培训工作更具有针对性和实效性，学校根据教师的成长规律及专业发展水平，为每位教师找到最近发展区。教师队伍应是老年教师为推力，年轻教师为基础，中青年教师为中坚，骨干教师为核心，卓越教师为方向的梯形结构。教师的专业发展是一项系统工程。学校可以将不同梯队的教师按实际能力和需求分层次进行有侧重点的培养，努力提供和创设教师可持续发展的空间。

结合我校的教师队伍现状，学校将教师初步分为三个发展梯队、一个目标梯队。发展梯队是学校为了加强教师队伍建设，以教师的教学水平、科研能力、职业道德、年龄结构为标准，从有利于选拔、使用、培养等入手，以专业建设和课程建设为目标形成的教师梯队结构，阶梯式分为三个层次即青年教师、合格教师、骨干教师。教师随着工作年限的增加与工作经验的不断积累，可以通过达到阶梯目标而进入上一层梯队。一个目标梯队，即卓越教师梯队。学校作为区属普通小学，师资有限，专业水平有限，把卓越教师作为学校教师发展的目标梯队，就是在给教师一个基础发展目标的基础上，让其有一个更高的努力目标，其目的在于使学校教师培养工作呈现"你追我赶""争先创优"的新气象。

1. 青年教师

对新教师，学校主要采取基础培养。对于参加工作不久的教师，主要是抓好课堂常规教学，在备课、上课、听课、评课、课后反思等方面进行培训指导，并要求新教师结合学校"青蓝工程"与老教师或者骨干教师结好对子，多听课，多反思，多动笔，尽快成为一名合格的教师。

每学期对青年教师进行量化考核，要求青年教师每学期听课不少于30节，至少"磨出"一节精品课，至少参加一项科研课题的研究，至少读2本教育教学书籍并做好笔记，总结出一个典型的成长故事。

经过学校的培养，朴明玉老师作为学校最年轻的道德与法治课教师，上班3年来，听课近200节，参与各级教学比赛十余次，先后获得第十五届"全国中小学信息技术创新与实践活动"一等奖、2017年度"吉林省信息技术与教学融合优质课大赛"二等奖等多项荣誉。

2. 合格教师

这个梯队教师以年龄偏大、思想保守的老年教师为代表，主要进行自需培养。学校50岁以上教师共15人，分散于各个学科的一线教学中。这个教师梯队的优势是工作经验丰富，工作态度认真，但是学习能力较中青年教师稍有不足。学校通过组织读书活动、开展读书交流、参加读书论坛等形式促进他们学习，要求他们按照自己的成长弱势确定所需，主要通过自学方式提升。同时加强对他们的信息技术水平提升的培训，在教师中开展"老课新教"活动，促进他们教育观念的转变，有效发挥新技能在课堂教学中的作用。

每学期对合格教师进行考核，要求听课评课不少于15节，有徒弟的老教师与徒弟"同课异构"，在完成规定数量的读书笔记的基础上，每学期参与一次读书交流论坛，每学期上交一篇精品反思或者完成一篇经验推广，鼓励他们自愿参与学校的课题研究。

3. 骨干教师

骨干教师是学校的中坚力量，主要对他们进行提升培养。骨干教师与青年教师相比，更成熟、稳健，与合格教师相比，经过多年的锻炼，他们积累了一定的教学经验，且事业心强，形成了个性鲜明的教育教学特色，又相对容易接受新思想、新观念、新方法，是最有潜力的培养对象。学校要为骨干教师的"终身学习"创造有利条件，通过观摩、研讨、赛课等形式，给他们以成功的机会，创造机会让他们

走出校外、到区、市、省等更广阔的环境中去参加各级各类的教育教学活动；让他们在学习中不断修正自己的教学模式，形成更符合教育规律，更符合自己的独特的教学风格，推陈出新，鼓励创新与实践，使之成为充满教学智慧、洋溢教学热情、挥洒教学魅力、享受生态教育的现代型教师。

长春市骨干教师、南关区语文学科教学能手刘岩老师参加南关区教学能手大赛

每学期对骨干教师进行考核，要求骨干教师每学期参与听课评课不少于30节，必须承担学校教师培训任务或组织集体备课，必须参与学校的课题研究，并争取自己主持立项课题，每学期进行公开引路授课，并至少打造一个精品课例，积极参加区级以上教育教学比赛，每年至少发表一篇教育教学论文或者科研成果。

4. 卓越教师

卓越教师是我们培养的目标和方向。从职业角度看，卓越教师除了必须具有为人师表的人格风范，还需要具有对待工作强烈的事业心和责任感，具有严谨治学的科学态度，具有广博的学科知识，具有良好的研究及创新能力。从学校培养方向来看，我们要求教师必须有强烈的进取心和求知欲，永不自满，学无止境，要求每位教师必须把卓越教师当成自己的成长目标，即便不能达到，也要尽量缩短差距。

三、教师发展的模块化实施途径

教师发展"模块化"实施，改变了传统的单一培养模式，着眼于教师培养总体目标，根据学校教师的成长特点，优化组合师德师风模块、课堂教学能力模块、研究能力模块、知识视野模块、信息融合模块、组织管理模块等方面，对教师实施专项培养，解决了培养目标设置的体系化、教学理论与实践的衔接、教师的课堂教学技能以及教师教育科研能力培养等问题，提高了学校教师培养的针对性和培养过程的可操作性，大大提升了教师培养的成效。

1. 模块内容

（1）师德师风模块

"立德树人"是教育的根本任务，教师良好的职业道德不仅是对教师个人行为规范的要求，而且也是教师怎样教育学生的重要表现，起着"以身立教"的作用。所以，教师要教育好学生，就必须具备良好的职业素养，也就是职业道德，唯有这样才能更好地以德治教，以德育人，才能成为一名真正合格的教育工作者。

本模块主要有四个层次的内容：

第一层次，确立理想。引导教师确立正确的职业理想，树立正确的价值观、教育观；处理好个人与集体的关系，面对工作中的苦与乐，能做到"苦不言败，乐不自傲"。

第二层次，强化责任。要引导教师将职业责任转化为自觉认同、认真履行，并能将责任落实到自己的工作中去，对学生负责，对学校负责，对社会负责。

第三层次，依法执教。组织教师学习教师法、教育法、未成年人保护法、教师职业道德规范等法律条文以及上级主管部门关于师德建设的相关文件，使学校教师依法执教，做到尊重学生，平等公正地对待学生，关注学生全面发展和健康成长，做学生健康成长的指导者和引路人。

第四层次，优化作风。引导教师对待学习应该孜孜以求，有勇于探索的学术风气，对待同事应该互助互赢，讲求合作的互助风格。

"教师师德沙龙"是学校师德师风培训的传统形式，通过针对一种现象或者一个问题的剖析与讨论，让教师有所感悟，有所收获。

（2）课堂教学模块

"教学语言与教态""提问方式""情境创设""课堂调控"等是反映教师课堂教学能力的重要方面。教师应该及时把所学到新理念转化为教学行为，掌握适应教育发展的课堂教学技能不仅是改革的需要，更是教师专业发展和学生全面发展的需要。无论是什么内容的课堂教学技能培训，应首先引导教师明确以下几个问题：

第一，课堂教学万变不离其宗，一定要体现出三维教学目标的有机统一。除了关注学生必须掌握的基础知识和基本技能，更要关注学生学习的方法和过程，以

达到让学生学会学习的目的，而积极的情感影响也是设计课堂教学的重要部分，教师有责任通过课堂教学为学生传递积极的价值观与人生观。

第二，课堂教学要注重学习与生活的联系。课程的本质是生活，而课堂教学的理想境界是让学生回归生活。因此，如何打破科学世界与生活世界的界限，如何整合科学世界与生活世界，教师如何用好教材而不仅仅停留在教好教材，是新时代教师更应该具备的课堂教学技能。

第三，课堂上与学生的有效互动是课堂教学的生机所在。教学的本质是交往，教师如何在课堂上定好自己的位置，让自己的作用是服务和指导学生的学习，让知识在倾听与对话中生成，在沟通与交流中重组，在合作与共享中增值，这样的"教学相长"是教师课堂教学能力的真正体现。

曙光小学 2014—2019 年度"一师一优课"获奖情况					
	2014—2015年度	2015—2016年度	2016—2017年度	2017—2018年度	2018—2019年度
晒课情况	全员晒课	全员晒课	全员晒课	全员晒课	全员晒课
区级优课	6	15	14	13	12
市级优课	3	7	10	3	6
省级优课	3	7	2	1	2
部级优课	1	3			1

曙光小学 2014—2019 年度"一师一优课"获奖情况

（3）研究能力模块

教育科研是伴随着教育教学活动的过程而产生的，它是用科学的方法来揭示教育教学现象之本质和客观规律的，它是教师一种创造性的活动。教育科研离不开教学与教研，它要研究课程、教材、教法，强调实效性。教师参与研究不仅不会挤占教学时间，而且还能"教研相长"，教师的理论水平、业务能力在研究活动中都会得到提升，从而促进教育教学工作的优化，提高教学质量。提高教师研究能力需要让教师了解研究方法，一般来说要掌握六种基本方法：一是学会选题，二是学会如何进行课题论证，三是学会查阅文献资料，四是学会制定研究计划，五是要勤归纳总结，六是学会撰写课题研究报告。让教师了解方法，熟练运用，才能使教科研真正成为教师提高自己的自觉行为。

"十三五"以来，学校开展了各级课题研究共 18 项，教师累计参与课题人数达到 150 余人次，刘巍、曲浩源等 16 位老师个人立项吉林省教育科学院生命与安全教育研究中心的课题，均已顺利结题。刘岩、李杰两位老师获得省科研骨干教师荣誉称号。全体教师共获得国家、省、市各级科研成果奖百余项。

（4）知识视野模块

教师培训与教育发展和社会进步紧密联系。教师要具有先进的教育思想和教育理念，树立正确的教育观、人才观、质量观和学生观。学校定期选择相关教育理论书籍，指定教师阅读，并要求教师做好读书笔记，增加理论素养；计划、有目的地组织学习教育相关论述，及时了解教育大政方针和教改信息。同时，充分利用省教育资源公共服务平台及其他网络资源，组织教师学习和讨论关于课改的最新政策，及时更新自己的教育理念。

利用业务学习与集体备课的时间，对学科教师进行学科课程标准的培训。通过同学科教师共同梳理每个学年的知识清单，让教师看教材从"教几年，看几年"转为"教几年，看六年"，纵向了解整个小学期间的学科教材知识体系，让教师形成着眼所教学年，放眼未来几年的长远教育目标与培养目标。通过聆听专家教育教学指导讲座，观摩名家名课，参加各级各类教育教学大赛等方式，对教师进行教育教学方法指导。教师通过评一评、想一想、做一做将所学为我所用，以增强教师解读教材、设计教学、驾驭课堂、影响课后的综合教育教学能力。

（5）信息素养模块

信息技术与学科整合的优势在现代教育中的作用日益凸显，教师信息技术能力的提升成为教师培训的一个重要内容。制作多媒体课件，利用多功能一体机，将网络资源引入课堂已经在教师的课堂教学中广泛应用。学校将借助教师信息技术 2.0 提升工程的推进，结合学校开展的学科项目式学习，发挥教学助手、"网络学习空间人人通"对教育教学的作用，将教师信息技术水平再提升一个高度。对教师培训主要围绕三大方面进行，即多媒体课件的制作、网络学习空间及其教学辅助工具的应用、教育资源公共服务平台主题活动与教学活动的结合。

随着技术的不断更新，信息技术推动教育的发展这部分培训内容也会随之改变，以顺应新形势下的技术支持的教育教学。

从 2017 年开始，学校每年都会请吉林省电教馆的专职人员为全校教师做"网络学习空间人人通"和教学助手专项培训。同年，学校师生开通了"网络学习空间

人人通"，开通率达 100%。如今，全校教师都会用教学助手辅助课堂教学，用"网络学习空间人人通"记录自己的教学生活。

朱辉校长与学校教师进行网络学习空间论坛

（6）组织管理模块

教师组织管理能力是教师专业能力的重要组成部分。这一能力关系到一个班级的整体形象和教学效果。主要包括：

组织课堂教学的能力。指导教师多掌握一些现代管理理论和管理策略，并把这些理论和策略内化，转化成能力，去指导自己的实际行动。有一个良好的课堂，才能保证教学目标顺利完成，才能取得预期的教学效果。

组织集体活动的能力。学校每学期都要组织学生开展一些集体活动，这类活动和上课不一样，开展活动的目的，不是让学生学多少知识，而是通过活动，让他们形成不同的能力。学校要指导教师学习形成组织集体活动的能力。组织学生可以按照活动方案，一步一步完成活动内容。

组织课外活动的能力。学生活动的场所，不仅仅是课堂内，在课外活动中，他们也可以学到许多在课堂内无法学到的知识和本领。教师首先要多方考虑，除了设计课外活动，还要保证学生的活动安全，制定一些相应的措施。

班主任管理班级的能力。班主任是学校的一个重要群体，是学校德育工作的核心。班级管理能力主要包括学生思想教育、班级文化建设、班干部的培养、与家长的沟通等等。学校将针对班主任群体，进行班主任工作专项培训与考核。同时，学校有效利用资源，从身边的榜样学起，利用班主任会、"师德沙龙"等形式宣传学校的优秀班主任事迹及经验。

2.实施途径

（1）传导式

即"一人参培，多级传导"培训学习活动。学校派出学习的教师必须采用专题讲座、经验交流、讲汇报课等多种形式，传达学习情况和感悟，产生一人学习、多人受益的效果。

（2）主题式

每学期学校都会开展"聚焦生态课堂 寻找教育幸福"校本教研"三个一"活动，即上一节公开课，交一篇读书心得，撰写一篇教学论文；"曙光小学教师综合素质大赛"系列活动，即制作"我眼中的幸福"手抄报、"收获幸福"教育叙事征文、学科理论及专业知识答卷，以此促进学校良好教风的形成，催开教师内心的幸福之花。自"网络学习空间人人通"在全校范围内广泛应用，学校结合学科与年级特点，开展"项目式学习"活动，以课本内容为基础，选择符合学生特点且易于操作、学生又感兴趣的内容作为主题活动内容。教师在这个过程中与学生合作学习，指导学生的实践，参与学生的分享，既提高自己也对学生的能力有所培养。

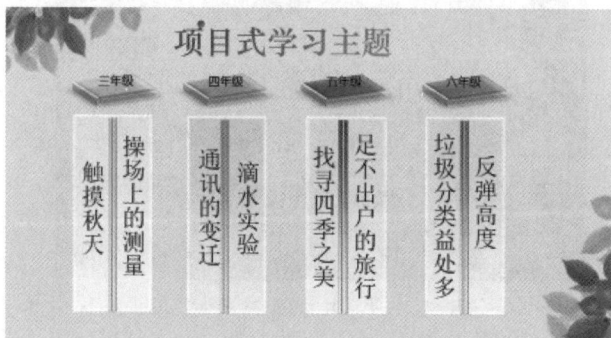

2019年下半年三至六年级语文、数学学科项目式学习主题

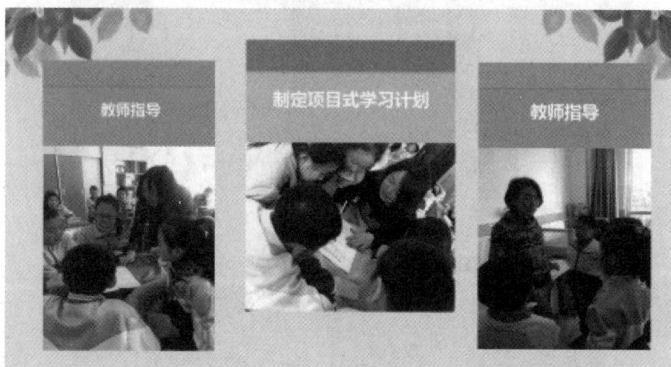

教师指导学生进行项目式学习

（3）引领式

即择本校之能人，训本校之教师。充分发挥骨干教师的引领示范作用，通过集体备课、上示范课、听课评课、业务讲座等形式，帮助其他教师了解新课程教育理念及生态课堂深刻内涵，彼此之间进行信息交流与资源共享，促进全体教师专业水平的提升。

（4）参与式

在教师中开展"我展示 我精彩 我幸福"教师教学基本功深化培训。结合"推普周"工作，组织全校教师积极参与"朗读、唱歌"任选其一的才艺展示和"板书设计"大赛，鼓励教师将自己的个性追求与职业发展有机结合，调动教师的工作积极性，全面提高教师的教学能力。定期开展由一把手校长组织的"主题教育沙龙"活动，关注生态教育发展中的热点问题，关注教育教学中出现的集中问题，使教师在交流讨论中有所收获。

任庆红老师与大家分享幸福感言

朱辉校长带领教师进行"践行生态理念实现幸福理想"教师论坛

"最是书香能致远"教师读书交流论坛

（5）分层式

根据工作职能的不同，采用必修课与选修课的形式，开展分层分批培训。除了分学科培训，从信息技术方面，对学校的管理者，从观念的更新和信息化领导能力入手；对青年骨干教师，主要是结合"全国中小学信息技术创新与实践活动"的赛项内容进行集中学习和指导，对全体教师进行多媒体教学一体机使用、教学助手应用等培训。进行菜单式培训，设立几个不同主题，教师按需选择自己感兴趣的内容参与培训。

（6）自学式

自学式教研的主要途径是开展教师读书活动。学校以"高水平学习，高品位生活，高境界做人，打造幸福人生"为目标导向，开展教师读书活动。实施教师"悦读"工程，在教师中开展"三本书"活动，即每位教师每学期（假期）"共读一本书、选读一本书、荐读一本书"。开展读书交流、读书笔记评比等促进教师读书活动的有效开展。学校为全校教师购置了《走进教育家苏霍姆林斯基》《过一种幸福完整的教育生活》等专业书籍，让全校老师共读一本书，在读书交流中共同提高，共同成长。

四、幸福教师评价

《基础教育课程改革纲要》中明确指出：建立促进教师不断提高的评价体系。强调教师对自己教学行为的分析与反思，建立以教师自评为主，校长、教师、学生、家长共同参与的评价制度，使教师从多方面获得信息，不断提高教学水平。由此可见，教师评价已从原来的单纯的结果性评价，转为过程性、发展性评价。

1. 评价理念

（1）以评价促进教师的专业发展

评价要面向教师未来，不仅关注教师过去的成绩，而且还根据教师过去的工作表现，以帮助教师确定个人未来的专业发展需要、个人未来的专业发展的努力方向。

（2）让教师成为评价的主体

对教师的评价发挥教师本人的作用，突出教师在整个评价过程中的主体地位，不仅把教师看成被评价的对象也看作评价活动的积极参与者。学校通过与教师建立平等的合作关系，鼓励教师参与、自我评价与自我反思。

（3）淡化个体差异，关注纵向发展

教师在人格、职业素养、教育教学风格、师生交往类型和工作背景等方面存在很大差异。学校在评价过程中应尊重这种差异，并根据这种差异，动态地评价教师。确立个性化的评价标准、评价重点及相应的评价方法，目的在于明确地有针对性地提出每位教师的改进建议、专业发展目标和进修需求等。

（4）评价主体多元化，信息反馈多渠道

除学校领导是教师评价的主体，被评教师本人也是主体，同事、学生、家长等都共同参与评价。教师在评价过程中要端正态度，认识他人评价所提供的信息对于自己改进和发展的作用。

2. 评价内容

（1）过程性评价

过程性评价的"过程"是相对于"结果"而言的，是对事物发展的过程进行动态的评价，具有导向性。过程性评价是人的意识对学习者的学习过程的一种反映，也是人发挥主观能动作用的认识过程。过程性评价对于教师的成长具有一定的激励作用，强调教师对学习、工作的主动参与，教师主观意识决定评价结果。学校制定了《曙光小学教师考评细则》《曙光小学教师综合评价表》，通过领导的日常检查以及教师完成的教学工作、参与比赛的情况、上交材料的情况、获奖情况等方面的统计，对教师每学期的工作做出过程性记录，再综合记录对教师做出总体评价。

（2）结果性评价

结果性评价是传统的教师评价方式。是指在一个阶段内通过一个结果评价教师的表现，虽然现在结果性评价已经不作为评价的主要方式，但是对于易于量化的部分，结果性评价还是能发挥其优势的。如教师专业技能测试、教师板书大赛等，都是通过竞赛的形式甄选出表现特别突出的教师，予以表扬和相应奖励。

（3）发展性评价

发展性评价是一种以评价对象为主体、以促进评价对象的发展为目的的教育评价，是通过实现评价者和评价对象共同商定发展目标的过程，旨在促进被评价者不断地发展。评价的目的在于发展与促进，学校对于不同年龄段的教师，制定了不同的培养目标，并按照目标对教师进行评价，以达到群体不同，目标不同。每学期末，校领导都会通过谈话、座谈等方式，了解教师的个人发展需求，并针对不同年龄、不同梯队的教师设定不同的发展目标，以做到评价为教师发展服务。

3. 评价方式

（1）课堂诊断

课堂教学评价的要素应该包括：教学目标、教学内容、教学方法、教学心理环境、教师行为、学生行为、教学效果。而这些要素中，教师行为和学生行为是评价的核心要素。学校根据教师实际情况制定了课堂教学评价表，除了对教师进行课堂教学评价，也为教师设计教育教学指明了方向。学校依据课堂评价要素，制定了《曙光小学课堂教学评价表》。一方面利用此表对教师课堂教学做出评价，另一方面也给教师设计课堂教学提供了一个标准。

（2）教师自评

教师自评就是自己对自己的表现进行评价。这种评价方式很有效，具有自我了解、自我反思、自我改进的功能，因为教师自己最了解自己。教学后的反思是教师自评的一种表现形式，反思是教师成长的一个重要途径。学校的教学设计模板中有专门的"教学反思"内容，硬性要求每位教师必须在授课后进行回顾并反思，目的在于促进教师在反思中成长。

（3）教师互评

教师互评的评价形式不太适合总结性评价，较适用于为改进教学、促进专业成长的形成性评价。所以，学校教师互评的作用更多发挥于教师间的课堂教学评价，其目的在于提升教师的个人业务水平。学校主要将教师互评的方式用在观课、评课方面，教师无论在评价他人教学还是被他人评价，都会在参与评价的过程中得到收获和提高。

（4）家长反馈

家长是学校工作最有力的支持者，也是宣传员，学校重视家长对教师的评价，会借着开放活动或者家长会的契机，下发家长反馈表，有针对性地听取家长对学校的建议和对教师的评价，以促进教师反思自己的工作。

（5）学生评价

学校开展的学生对教师的评价，主要通过问卷调查或者集体座谈等形式来进行。学生与教师最近，感受最直接、最深刻。鉴于学生的年龄、心智，学校对于学

生评价也会客观对待，重在了解教师的工作情况，发现教师工作中存在的问题，以及时整改。

4. 评价结果：教师幸福指数状况

为调查曙光小学教师幸福感状况，学校相关研究人员参考国内外研究成果，编制了"曙光小学教师幸福感现状调查问卷"。2020 年 4 月 14 日，面向学校全体教师发放了"曙光小学教师幸福感调查问卷"，有效问卷 51 份，其中男教师 6 人，女教师 45 人。通过 SPSS19.0 进行数据整理与分析，获得相关研究结论。

（1）教师幸福感的总体状况

下表和下图是教师幸福感总体状况。从表中能够看到，教师总体幸福感的平均分为 2.37，1 为非常同意，5 为非常不同意，那么教师幸福感属于中上等水平，分析各维度平均分数，从大到小排列为教师职业幸福感、工作环境幸福感。说明曙光小学教师的总体幸福感状况良好。

教师幸福感总体状况（一级指标）

	样本量	最小值	最大值	平均值	标准误
工作环境幸福感	51	1	5	2.46	0.82
教师职业幸福感	51	1	5	2.29	0.68
总体幸福感	51	1	5	2.37	0.76

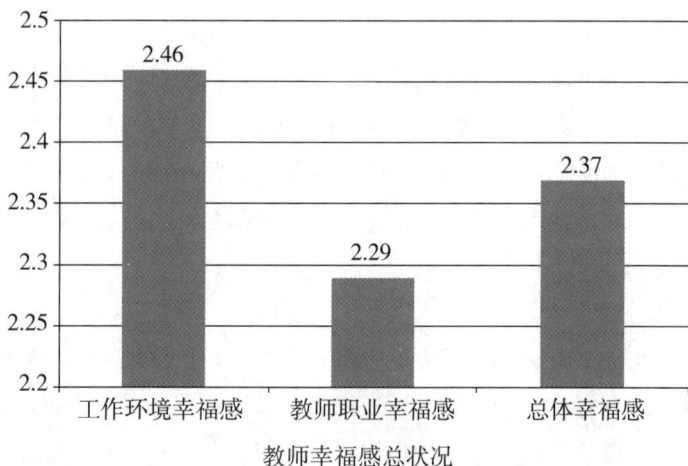

教师幸福感总状况

（2）教师幸福感的差异状况

①教师幸福感的性别差异状况分析

方差分析检测变量为工作环境幸福感、教师职业幸福感和总体幸福感，分组变量为性别，通过 Levene 的方差相等测试和均值相等 T 检验。结果如下表所示。

不同性别教师幸福感总体及各维度的独立样本 T 检验

考察维度	性别	均值	标准差	Levene 的方差相等测试 P 值	T 值	均值相等检验 P 值
工作环境幸福感	男	2.42	0.86	0.36	-2.49	0.03
	女	2.63	0.97			
教师职业幸福感	男	2.27	0.82	0.29	-2.16	0.004
	女	2.48	0.78			
总体幸福感	男	2.35	0.82	0.51	-1.37	0.03
	女	2.51	0.85			

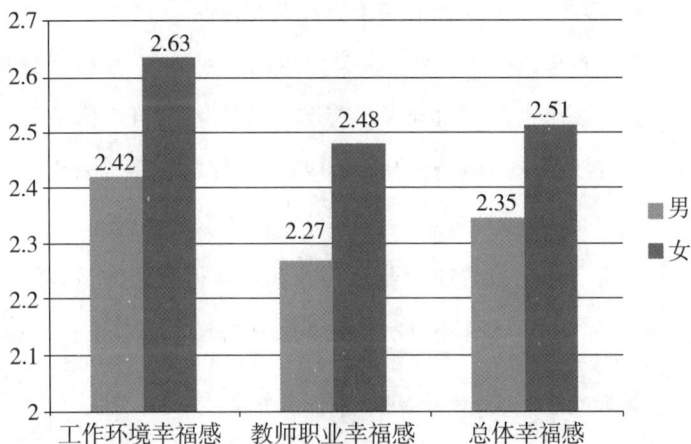

不同性别教师幸福感状况

据表可得，3 个检验项目的 Levene 方差相等测试 P 值均大于 0.05，因此接受假设方差相等的 P 值进行分析。各项指标的影响性通过与 5% 作为阈值进行比较判断，工作环境幸福感的 P 值为 0.03，接受原假设成立的概率小于 5%，所以接受备选假设，即不同性别的教师工作环境幸福感均值有显著性差异。教师职业幸福感的 P 值为 0.004，说明接受原假设成立的概率小于 5%，显著性水平低于 5%，所以拒绝原假设，即不同性别的教师职业幸福感均值有显著性差异。总体幸福感的 P 值为 0.03，说明原假设成立的概率有 3%，显著性水平低于 5%，拒绝原假设，即不同性别的教师幸福感均值有显著性差异。

从表中还可以看出，教师工作环境幸福感的平均得分：男教师＞女教师，教

师职业幸福感的平均得分：男教师 > 女教师。

②教师幸福感的教龄差异状况

方差分析用于检验在教师幸福感问卷得到的数据样本服从正态分布前提下，用于检验方差差异即可判断出各个因素对检测指标影响的显著程度。根据影响检测条件个数分为单因素方差分析、双因素方差分析和多因素方差分析。各项指标的影响性通过与 5% 作为阈值进行比较判断，在多组检测样本方差相等前提下进行检验，因此在方差分析之前要进行齐性检验，当方差检验 P 值大于 5% 时，说明各个检测样本相等概率大于 5%，具备方差分析前提条件；如果 P 值小于 5%，说明各组方差相等概率在 5% 以下，不具备检验条件，但可以采用其他方法对 P 值进行修正，并得到修正后的 P 值。在方差分析之前，提出原假设和备选假设。原假设为：各组均值相等，备选假设为：各组均值不相等。当方差分析或修正后的 P 值大于 0.05 时，说明原假设成立的概率大于 0.05，所以接受原假设，即在 5% 的显著性水平下，教师幸福感和各维度在该因素下没有显著性差异；当方差分析或修正后的 P 值小于 0.05 时，说明原假设成立的概率小于 0.05，所以拒绝原假设，接受备选假设，即在 5% 的显著性水平下，教师幸福感和各维度在该因素下有显著性差异。

以教师工作环境幸福感、教师职业幸福感和总体得分作为检验指标，以教龄作为因素，进行单因素方差分析。不同教龄的教师幸福感具体维度情况如下表所示。

不同教龄教师总体幸福感及各维度的单因素方差分析

考察维度	教龄	均值	标准差	方差齐性检验 P 值	F 值	方差分析 P 值
工作环境幸福感	5 年以内	2.25	1.23	0.35	5.47	0.16
	6–15 年	2.34	1.17			
	16–30 年	2.32	0.85			
	31 年及以上	2.27	0.73			

续表

教师职业幸福感	5 年以内	2.32	1.33	0.67	4.78	0.01
	6–15 年	2.16	0.78			
	16–30 年	2.39	1.21			
	31 年及以上	2.44	0.96			
总体幸福感	5 年以内	2.28	0.78	0.86	6.14	0.04
	6—15 年	2.25	0.84			
	16—30 年	2.35	0.72			
	31 年以上	2.36	1.15			

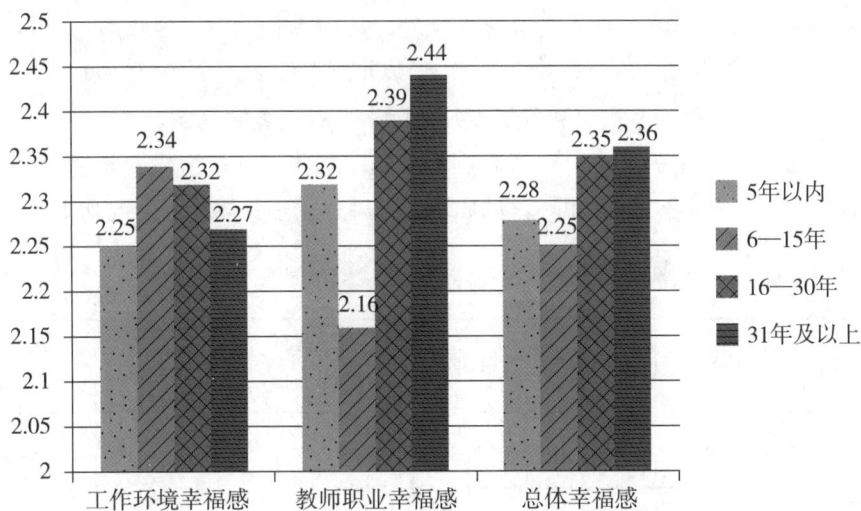

从该表可得，3 个检验项目的方差齐性检验 P 值均大于 0.05，因此均选择假设方差相等的各检验指标 P 值进行分析。各项指标的影响性通过与 5% 作为阈值进行比较判断，工作环境幸福感的方差分析 P 值为 0.16，大于 0.05，说明在 5% 的显著性水平下，接受原假设，即教师工作环境幸福感在教龄维度没有显著差异。教师职业幸福感的方差分析 P 值为 0.01，说明在 5% 的显著性水平下，拒绝原假设，即教师职业幸福感在教龄维度有显著差异。总体幸福感的方差分析 P 值为 0.04，小于0.05，因此拒绝原假设，即教师幸福感在教龄维度有显著差异。

从上表还可以看出，教师职业幸福感平均得分：6-15 年 >5 年以内 >16-30 年 >31 年及以上。工作环境幸福感维度在教龄上没有显著性差异。

③教师幸福感的职称差异状况

方差分析用于检验在教师幸福感问卷得到的数据样本服从正态分布前提下，用于检验方差差异即可判断出各个因素对检测指标影响的显著程度。根据影响检测条件个数分为单因素方差分析、双因素方差分析、多因素方差分析。各项指标的影响性通过与 5% 作为阈值进行比较判断，在多组检测样本方差相等前提下进行检验，因此在方差分析之前要进行齐性检验，当方差检验 P 值大于 5% 时，说明各个检测样本相等概率大于 5%，具备方差分析前提条件；如果 P 小于 5%，说明各组方差相等概率在 5% 以下，不具备检验条件，但可以采用其他方法对 P 值进行修正，并得到修正后的 P 值。在方差分析之前，提出原假设和备选假设。原假设为：各组均值相等，备选假设为：各组均值不相等。当方差分析或修正后的 P 值大于 0.05 时，说明原假设成立的概率大于 0.05，所以接受原假设，即在 5% 的显著性水平下，教师幸福感和各维度在该因素下没有显著性差异；当方差分析或修正后的 P 值小于 0.05 时，说明原假设成立的概率小于 0.05，所以拒绝原假设，接受备选假设，即在 5% 的显著性水平下，教师幸福感和各维度在该因素下有显著性差异。

以教师工作环境幸福感、教师职业幸福感和总体得分作为检验指标，以职称作为因素，进行单因素方差分析。不同职称的教师幸福感具体维度情况如下表所示。

不同职称教师幸福感整体及各维度的单因素方差分析

考察维度	职称	均值	标准差	方差齐性检验 P 值	F 值	方差分析 P 值
工作环境幸福感	初级	2.45	1.15			
	中级	2.38	1.23	0.67	6.56	0.03
	高级	2.25	0.94			
教师职业幸福感	初级	2.32	1.16			
	中级	2.26	0.96	0.54	4.48	0.01
	高级	2.19	0.87			

续表

总体幸福感	初级	2.38	0.84			
	中级	2.29	0.96	0.72	5.42	0.02
	高级	2.22	0.78			

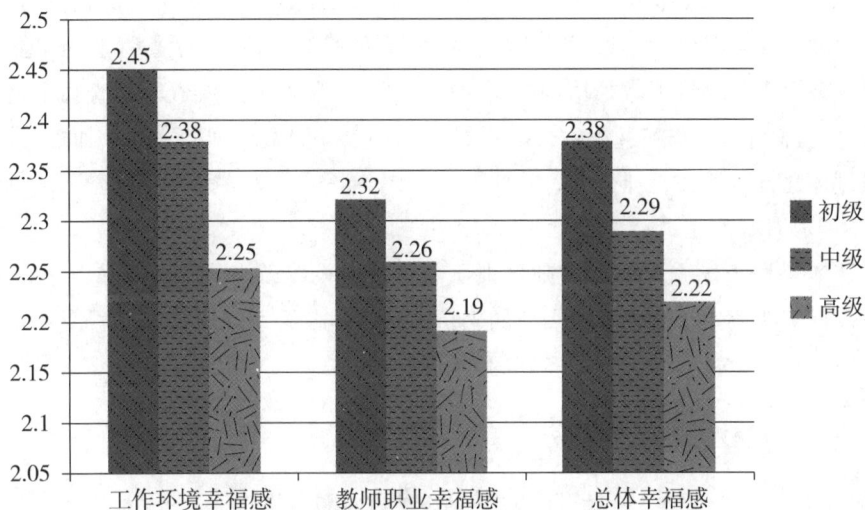

不同职称教师幸福感状况

从表中可得，3个检验项目的方差齐性检验P值均大于0.05，因此均选择假设方差相等的各检验指标P值进行分析。各项指标的影响性通过与5%作为阈值进行比较判断，工作环境幸福感的方差分析P值为0.03，小于0.05，说明在5%的显著性水平下，拒绝原假设，即教师工作环境幸福感在职称维度有显著差异。教师职业幸福感的方差分析P值为0.01，说明在5%的显著性水平下，拒绝原假设，即教师职业幸福感在职称维度有显著差异。总体幸福感的方差分析P值为0.02，小于0.05，因此拒绝原假设，即教师幸福感在职称维度有显著差异。

从上表还可以看出，教师职业幸福感平均得分：高级 > 中级 > 初级。工作环境幸福感平均得分：高级 > 中级 > 初级。

五、保障机制

1. 组织保障

为保障学校教师培训工作的顺利有效进行，学校一把手校长全面统筹教师培训工作，成立培训领导小组，由教学副校长主抓，结合本校实际，制定切实可行的培训计划和具体实施方案，建立健全相应的领导组织机构，明确任务，落实责任。

2. 制度保障

为保证教师培训工作及管理工作有章可循，学校制定了《曙光小学教师培养方案》《曙光小学教师考核办法》等方案和制度，要求教师按规定完成相应的任务，并把教师参与情况作为年度考核、职务聘任、晋级的必要条件，生态管理，长远规划。同时积极探索新形势下教师培训的新途径、新方法，及时总结经验，查找不足，不断改进，提高水平。实施过程中，及时做好培训记录，健全培训档案和教师成长档案，加强过程性督导检查，抓落实，求实效。

3. 物质保障

落实经费，优先保障。教师培训所需经费学校统筹考虑，优先安排；学校创造条件每学期为教师购置学习需要的书籍；开放学校一切多媒体资源，使其充分发挥作用，努力为教师培训创造良好的环境条件。

六、幸福教师的发展案例

在生态教育中尽享教育的幸福

曙光小学：刘岩

"我们到底要教孩子什么？"这是我作为一个一直工作在教学一线的小学语文老师常常在思考的问题。随着一轮轮教育教学改革对我的洗礼，随着自己教育教学经验的逐年丰富，我的教学观念也在不断地更新和升华，但这个问题始终没有特别明确的答案。生态教育的提出与我校幸福教育的实施，让我对这个问题豁然开朗，其实，我们就应该教给学生需要的语文。而这样的"以人为本"，正是生态教育的核心。生态教育不仅是学生需要的，其实也是教师需要的。我曾经执教过一节"失败"的阅读课，在这其中我却别有收获。

那是一次参加区里的教学能手比赛，授课内容是比赛前两天抽签决定的。我抽到了日本女作家清少纳言写的《四时的情趣》。这是一篇比较清丽的散文，以季节为序，写出了作者眼中四个季节里最美好的事物。但是由于国别、年代以及孩子们现有的语文基础，这无疑不是一篇非常适合公开教学的课文。由于条理还算清晰，我在备课时就打算以教师精讲一段、学生总结学法、小组自学三段的方式进行本节课的学习。赛前试讲是我在自己班里进行的，上课伊始，学生们读过文章后，我提出了"同学们，你们喜欢作者笔下的哪个季节？"这样一个问题，准备从学生喜欢的段落入手学习。第一个问题抛出，没想到孩子们却兴致不高，配合我完成任务似的有的说喜欢第一段，有的说喜欢第二段，有的说喜欢第三段。当我追问原因的时候，他们的说法又只能停留在课文的文字中，而不是联系自己的实际从"情趣"二字出发，挖掘出自己内心的真实情感。作为一个有着十几年教学经验的语文老师，我当时马上意识到这根本不是我要的学习状态，如果一味按照自己的设计继续下去，这节语文课我们师生双方都会很累不说，课堂收益必定微乎其微。于是，我就做了一个大胆的决定——不按我准备好的教学设计授课。我把已经板书好的课题擦除到只剩下"情趣"二字，让学生们结合文本说说什么是情趣。学生们不知道我接下来到底要干什么，就都来了精神，再读课文也变得认真起来。文章语言极为简单，孩子们很快发现，所谓的"情趣"，就是文章中多次出现的"很有意思的"。既然重点一下子抓到，我马上趁热打铁，让学生抛开课文，联系实际，想想在他们眼中，哪个季节最有情趣呢？这是一个简单的个性化的问题，学生们既有话可说，又不会千篇一律。简单叙述过后，我认为课堂上孩子们是有时间也有能力写出自己眼中一个季节的情趣的。由于当时是秋天，我就让学生仔细读读文中秋天的段落，看看作者是怎样写的？这是对学生写法的指导，仿写无疑是最快成文的捷径。最后，我和学生们共同设定了仿写框架，即以"（　　　　）是（　　　　）最好"开头，以"这是很有意思的"结尾的总分总段落结构。这节课上学生们仿写得出奇得快，不用我引领，孩子们还做起了即时讲评，更写出了不少"春天是声音最好""躺在金黄的落叶毯上，看天高云淡，是很有意思的"这样美妙的句子。下课铃响起的时候，我与学生们的共同感受是——意犹未尽。由于课堂上只完成了一段仿写，而孩子们的热情却居高不下，我提议，回去完成自己的"四时的情趣"，并且我要在全班同学的习作中，选出最精彩的描写季节的段落，合作完成班级的"四时的情趣"。学生们第一次面对习作作业跃跃欲试、兴致勃勃。就这样，在试讲中，我在学生的启发与帮助下，完成了参与比赛的最终教学设计。诚然，从阅读教学的目标完成情况来看，这是一节失败的阅读课，因为我没讲生字，没分析课文。但是却不能说我跟孩子们在这篇课文的学习上没有收获。我们学习了作者的谋篇构局，学习了作者的语言简洁美，我们更实践了所学。一节阅读课，随着教者的一个转念，华丽转身为一节收获颇多的习作课，更重要的是，我和我的学生在这样的课堂上有激情，有收获，更有成就感，这不正是教育的最佳状态吗？这不正是倡导生态教育的初衷吗？比赛

中，我大胆尝试了自己的教学设计，也获得了领导和专家的一致好评。

我们常说兴趣是推动学习活动的内部动力。还在探究世界的孩子们对待一切新鲜的事物都有浓厚的兴趣，他们不是对学习语文没兴趣，而是等待我们用适合的方式去唤醒他们沉睡的兴趣。很多教师苦于自己"费尽心思"，学生却"淡然处之"，其实，教师在做教学设计之初，自己就先被自己的设计给禁锢了。最好的教学是最自然的教学，是"水到渠成"，是"润物细无声"。而"自然"正是生态教育的特点之一。

很喜欢一句话，"从前，教材是学习语文的整个世界；现在，整个世界是学习语文的教材。"从浓墨重彩到卸罢铅华，我们的教育在不断蜕变、进步、发展。大语文观下，生态教育为教师开辟了一方自由驰骋的天地，而在这一方天地中，我们可以尽享教育的幸福。

幸福成长在云端

曙光小学：李杰

在"互联网+"拥抱智能生活、智能城市的同时，"网络学习空间"也慢慢融入了我们的教育，让我们的幸福课堂在云端冲浪，在网络空间飞翔。

我认为空间应用要指向课堂教学，关键是要改变教的方式和学的方式，落脚点在促进学生的主动学习。我们学校利用网络学习空间和教学助手开展了课堂教学模式改革，基本流程是：课前导学，预习新知——互动学习、交流质疑——合作探究，解决问题——在线检测，巩周复习——上传作业、课后拓展，实现了课堂教学向课前课后全方位延伸。今天就请大家和我一起分享我的数学课堂——长方体正方体思维拓展课。"长方体、正方体表面积和体积"是学生在学习了北师版小学数学五年级第二学期第四单元内容后，进行的思维拓展课。长方体和正方体是最基本的立体图形。通过学习长方体和正方体，可以使学生对自己周围的空间和空间中的物体形成初步的空间观念，是进一步学习其他立体几何图形的基础。另外，长方体和正方体面积、体积的计算，也是学生形成面积、体积的概念，掌握面积、体积的计量单位和计算各种几何形体体积的基础。

从认知上来看，因为学生刚学会长方体、正方体表面积和体积计算，以及利用所学知识解决实际问题。对所学知识的掌握还不够牢固，还没有形成一定的技能。

从解题能力上看，学生能较好地利用公式直接计算长方体、正方体的体积和表面积，但尚有一部分学生对于利用所学知识解决一些相关的实际问题还存在一定的困难。如：一些同学对于实际问题中到底是有关于表面积计算还是体积计算的区分存在误差，造成答非所问；又如：解题过程中对于单位是否统一，无盖、通风管、锻造、拼、锯、有关重量等实际问题考虑不周，造成失误。因此，有必要对这个单元中有关长方体、正方体表面积及体积计算的实际应用问题进行梳理和巩固。

从建立空间思维上来看，本单元是学生第一次系统学习立体图形，初步建立空间观念，并为下一步学习其他立体图形打基础。为了对本单元的知识进行有效的梳理并巩固学生所得技能。我设计了三个比赛环节：

第一环节有两个选题：A是展示利用吉林省教育资源公共服务平台的教学助手中的课前导学功能给学生布置课前作业——画长方体、正方体思维导图；B是利用吉林省教育资源公共服务平台的教学助手中的在线检测功能进行现场测试。目的是让学生梳理知识，掌握基本概念。

第二环节也有两个选题，是有关长方体、正方体表面积及体积计算的实际应用问题。目的是培养和提高学生灵活运用公式的能力和计算能力及解决实际问题的能力。

第三环节是思维拓展训练，分成三级难度，需要学生以小组合作形式逐级挑战。A利用 steam 学具拼插成长方体和正方体框架；B利用 steam 学具拼插成四棱柱框架；C利用 steam 学具拼插成立体图形框架。目的是初步建立学生的空间观念，发散学生的思维，发展学生的应用意识、实践能力与创新精神。通过解决实际问题，让学生感受到数学与生活密切相关，使学生形成积极参与数学教学活动，并积极与人合作，获得成功的体验，树立学好数学的信心与勇气。

最后，利用吉林省教育资源公共服务平台的教学助手中的课后作业功能给学生布置家庭作业，家长可以与学生一起完成。

吉林省教育资源公共服务平台的教学助手改变了传统的课堂教学始于课堂、终于教室的模式，实现了课前、课后与课上，教师、学生与家长有效互联。教育家叶圣陶曾经说过："教学有法，教无定法，贵在得法。"这是一节思维拓展课，在闯关游戏中，学生的表现无法预设，教师只能适时引导，随时调控课堂，教者要有较强的应变能力，才能使课堂活而不乱，趣而不俗。

我们最初的设计思路是：先将学生归纳的思维导图上传到课前导学并推送至学生的空间，课上学生对上传的导图进行点评，对本单元知识点进行梳理，巩固本单元的基础知识。然后通过竞赛的形式检验学习效果，把检测题设为由浅入深的闯关游戏。第一关是一星难度，就是检测学生对基础知识的掌握程度，第二关是二星难度，主要检测学生对本单元综合知识的灵活运用，第三关是三星难度，是训练学

生的思维能力。每关游戏由队长选题，人人参与，让不同层次的学生选择不同的难度，通过在线监测，掌握了学生课上的学习情况，课后在空间上传开放性作业让学生把课内知识延展到课外，让家长也参与到学习中来。网络学习空间真正地实现了学习可以打破时间与空间的界限，实现了课堂与互联网的联通、教学活动与教学资源的联通、教学参与者与智能化教学装备的联通、学校和家庭的联通。

我想，空间教学不只是为学生获取更多知识，还应让学生知道如何来获取知识，更重要的是能改变学生的人生。网络学习云空间，充满着更多吸引和魅力，等待我们去开发和创造，让我们在云空间里找到自信和幸福，让我们与互联网牵手，聆听教学改革的浅吟低唱，期待幸福教育一路繁花！

关注细节　共同成长

曙光小学：刘海艳

创新是知识经济的源头，是一个民族进步的灵魂。开发人的创造潜能，提高人的创新意识必须从小抓起。素质教育的核心是培养学生创新精神和实践能力。创新教育的主阵地是课堂。在教育教学中对学生进行创新教育不仅必要而且可能。在教学实际中，只要稍微留心案例是不少的。

这些小故事也是我教育教学过程中的一个个"小插曲"。德国教育家第斯多惠在《教师规则》中说："教学的艺术不在于传授本领，而是在于激励、唤醒、鼓舞。没有兴奋的情绪怎么激励人，没有主动性怎么能唤醒沉睡的人。"事实正是这样，坚信学生一定会成功，学生便会从教师的爱中获得一种信心和力量，情不自禁地投入到学习的过程中，从而迸发出智慧的火花。教学是一门艺术，也是一门科学。作为科学，它要求教育者善于发现和利用教育规律；而作为艺术，它要求教育者要以人为本，善于春风化雨、润物无声地启迪学生的心灵，激发他们的创造力和探索兴趣，帮助学生通过学校生活构建起属于自己的完整的精神世界。这是发生在我教的班的真实小故事。

苏霍姆林斯基说过：只有能够激发学生自我教育的教育，才是真正的教育。今年我担任的是一年级的语文教学，面对刚刚进入新学校的孩子们，学校生活是他们崭新的开始。一年级的孩子离开父母，他们面对陌生的环境是那么的不适应，还记得新生入学前的那天——

8月27日上午，当太阳的光辉刚刚洒遍大地时，学校的教学楼就已经沸腾起来了。一双双好奇的眼睛在四处张望着这新环境，开始了他们新的探索，整个校园充满了朝气和活力。上午第二节课，我与一（2）班的孩子们在课堂上见面了。到教室门口一看，大部分孩子已基本坐好了，准备迎接新老师来上课，有小部分孩子还在那里动的动，说的说，画的画，各顾各的。看到这种情形，我提高嗓音说："看谁坐得最快，小手放得最好？"这时他们才发现老师来了，安静了下来。我乘机表扬了坐得最快，小手放得最好的同学，得到表扬的他们小手放得更好了。可是唯有第一组最后一个男孩还在继续画着什么。其他同学随着我的目光都转向了他，同桌也提醒了他，他只是抬头看了我一眼，又接着画。这时有同学说："老师，他早上来就是这样的，别理他。"男孩的同桌说："他说自己画得很好。"我想：刚上第一堂课就碰到这样的"烫手芋头"，最好的教育方法就是帮助他认识"自我"，让他认识到自己的不足，纠正"心里自我"意识中骄傲自大的倾向，同时又能使他积极上进。"哦！真的吗？那我能看看你的画吗？"我边说边走到他的身边。一看，一只小蝴蝶画得很像，刚上一年级画成这样真的不错。我故意大声说："真的画得挺好的，你一定很喜欢画画吧？我也很喜欢画画的，能让我也画画吗？"于是我在他的小蝴蝶旁边快速地画上了一只大蝴蝶，还加了些花草树木，这张画变得更好看了，我又对他说："你知道吗？你这只小蝴蝶是很听我这只大蝴蝶妈妈的话。"我乘机拿起画让同学们看："林同学和刘老师一起合作画的画漂亮吗？"同学都说"漂亮！""是呀！这同学不仅画得好，自己的名字也写得很端正，假如上课认真、表现好的话，他将来会是位出色的小画家呢！"没想到，没等我说完，他马上放下笔，坐得很端正了。学期结束时，这同学拿到奖状开心地笑了，他的妈妈也高兴地笑了。这就是我的教育回报。

有人说过这样的一句话："老师不经意的一句话，可能会创造一个奇迹；老师不经意的一个眼神，也许会扼杀一个人才。"老师习以为常的行为，对学生终身的发展也许会产生不可估量的影响，作为一名老师，应该经常回顾自己以往的教育历程，反思一下自己：我造就了多少个遗憾，伤了多少颗童心，遗忘了多少个不该遗忘的角落！做教师如果没有能力点燃火种，但也绝不能熄灭火种！面对眼前充满好奇的孩子们，要珍惜，更要努力让每一个孩子的心中充满阳光，让每一个孩子在爱的抚慰下快乐成长。

信息技术为教师成长插上翅膀

曙光小学：任菁菁

时光荏苒，工作三年的时光转瞬即逝。回忆起第一次走进课堂时的情景，我

除了紧张与兴奋，还怀揣着一颗求知的心，希望自己能从课堂中尽快成长，成为独当一面的教师。如今的我，虽然还未成为自己目标中的模样，但也收获颇多。这离不开学校的悉心栽培，前辈的耐心指导，以及自己坚持不懈的努力。但同时我也有一位特殊的朋友，我在教学上的好伙伴——"信息技术"对我教学的支持，使我如虎添翼，让我充分体会到现代化教学的乐趣，也促使我在教学上逐步取得好成绩。

刚参加工作时，我认为在数学课堂中使用课件就等同于信息化教学。但是通过慢慢地了解才发现，单单在课堂中使用课件是不够的，如果想达到信息化教学的水准，既要做到教学环节数字化，还要能提高教学效率，这才是信息化教学的真正魅力。当时我们曙光小学正在积极对人人通空间的使用展开培训，几次培训后，我尝试在教学中使用人人通空间，并建立起了对该软件在课前布置导学任务、课中进行互动、课后布置与验收作业的完整使用体系，初步具备了利用信息技术上好常规课的能力，学生也在我的课堂中体会到了信息化教学的优越性。

通过日常积累，我在信息化教学上稍有成绩，校长以及学科主任也都对我表示了认可，因此在曙光小学举行面向全省的开放展示活动时，学校对我委以重任，让我在此次活动中利用信息技术，上一节有代表性的数学课。当我翻阅完全册教材后，选择了"三角形内角和"一课。在我信心满满结束第一次试讲时，听完课的李杰主任却对我说："你在课堂虽然使用了信息技术，但却依然没有将课堂还给孩子。"短短的一句话，却点醒了洋洋自得的我。我所理解的信息技术，仅仅只是皮毛，如果我能借助信息技术去引导学生去主动学，而不是单一的教，才能上一堂成功的课。于是我对这节课重新进行了设计，不再为了使用技术而教，而是让信息技术为我的课堂服务。经过不断地推翻和重构，我进行了如下设计：我不再使用传统的创设情境法去导入新课，而是利用软件发起投票："你认为三角形内角和应该是多少度呢？"大部分学生根据已有的经验选择了 $180°$ 这一选项。根据投票结果，引导学生进行猜想，并鼓励学生验证是否正确。在验证过程中，学生以小组为单位进行操作，而我则在学生的平板中推送了几种关于正确操作方法的微课，当学生的操作不当或遇到困难时，可以选择对应的微课进行学习，达到了个性化学习的目的。学生通过验证得出三角形内角和为 $180°$ 的结论，完成了自主学习。最后进行拓展提升："能否用本节课所使用的操作方法验证四边形内角和的度数呢？"并将操作视频上传到人人通空间，以此作为本节课的作业。当我上完这节课后，大家看到了我的进步。而我也通过本节课荣获了多个全国大赛的一等奖。

取得的成绩虽然可喜，但我从未骄傲。信息化技术的不断使用，对我的影响也在日益加深。信息技术使我拓宽了眼界，让我能在网络上获得更多的教育资源，同时也能学习来自全国各地优秀教师的教学经验，实现了资源共享，达到了自我提升；同时，它转变了我的教育理念，让我摆脱了传统课堂的局限，不再是一味地教，而是引导学生主动地学；最后，它还改变了我的角色，让我从传统意义中的教师角色中脱离出来，变为了知识的传递者和学生课堂中的引路人。当然，信息技术在课堂中的使用对我的学生也影响颇深，全新的教育模式让我的学生更喜爱我的课堂。在我的数学课中，他们学会了主动思考、勇于探索以及乐于分享；他们利用信息技术进行互相学习，达到反思与交流的目的；他们利用信息技术与我即时沟通，不再拘泥于教师与学生的身份。这些改变，我看在眼里，喜不自胜。

如今，不止在数学课堂中，在对作业的设计以及微课的制作上我也取得了一些成绩，多次在大赛中获奖。在课后作业的批改中，我也能恰到好处地使用信息技术，帮助我在有限的时间内完成更多的工作，提高我的工作效率。

不积跬步，无以至千里；不积小流，无以成江海。信息技术在教学中的应用，为我的成长插上了翅膀，让我不断丰富自身经验，使我在信息化教育 2.0 的浪潮中不但没有被淘汰，反而得到了提升。教育也是需要不断改革与创新的，因此作为一线教师，要时刻保持最敏锐的触角，聆听这个时代最前沿的声音。如今，信息化教学已成为当前教育的大趋势，愿我们每一位教师，都能巧妙地利用信息化技术完成教学，去促进自身的全面发展！

成长是一种力量

曙光小学：朴明玉

时光，总是在不经意间流逝，作为一名走上工作岗位刚刚三年的青年教师，此刻我感受到了身为教师的满足与幸福。

很多时候，我将此刻的自己和三年前的自己进行比较，觉得这成长是潜移默化和不可思议的：思想认识上的提升、教学观念的转变、工作态度的端正、工作方法的积累，无不使我成长和蜕变。这来自三年来教学工作的每分每秒，既有领导的关心、同事的帮助，也有我自己的艰辛努力。无论是与前辈、同事、学生最真实的交流和互动，还是或欣喜或失望或振奋或彷徨的难忘经历，都让我深刻体会到了做教师的艰辛和快乐。同时我觉得我的成长也离不开学校好的机制。为了使我们青年教师尽快成长，学校采取了以中带青、以师带徒的青年教师培养方式，这些措施，极大地调动了我的工作热情，提高了我的专业素养和教学水平，使我进步飞快。回

顾三年来的成长之路，我有几点成长感悟：

1. 教学方面：态度上认真，行动中落实

教学工作、教学成绩是教师的立身之本，尤其是青年教师应该把教学放在第一位。加入曙光小学这个大家庭以来，我一直担任同年级两个班级的语文教学和一个班的班主任工作，并有其他校务分担。除完成学校的工作之外，我将自己大部分课余时间都投入到备课中。从开始的解读教材、教参，都要请教有经验的同事，到现在可以独立备好每一个知识点，甚至预设学生可能出现问题的细节，这背后有我不断地努力。我一边学习，一边发现，枯燥简单的课本内容原来可以加工得如此丰富多彩。备课充分了，课堂的容量也就增大了，效率也跟着提高了，学生学习过程中遇到的困难，我也会随机应变，并采取相应的措施解决了。读书是新教师成长的捷径，多看对业务有帮忙的书籍，不断拓宽知识面，为教学资料注入新的活力。读不懂更高深的教育理论，我就从读教师经典案例开始，一招一式、一字一句，都会让我产生或多或少的思考，指导着我的日常工作。

2. 班级管理：确定目标，精心管理

班集体的共同奋斗目标，是班集体的理想和前进的方向，班集体如果没有共同追求的奋斗目标，就会失去前进的动力。在最开始的时候，我管理班级没有章法，想到哪里做到哪里。慢慢我发现这样的班级没有凝聚力，孩子们没有荣誉感和责任感。后来我逐渐认识到这一点，便开始转变自己，有意识地多去了解学校每一位班主任，学习她们的带班理念。有的班主任善于亲情渲染，她的学生就会谦和温暖；有的班主任教育学生春风细雨，润物无声，她的学生就会循规守矩；有的班主任善于总结归纳，她的学生就会独立善学。当然，一味地模仿还不够，还要找到适合自己、适合班级孩子的方法，逐渐形成自己的风格。后来我开始建立班级的奋斗目标，考虑到这个目标应是远期、中期、近期的结合，考虑到孩子们的年龄特点，我把"童心灵动、快乐学习、幸福成长"作为我们班的奋斗目标。有了目标，就有了努力方向。实现目标就要有良好的班风，于是我狠抓班级常规管理，形成良好的班风。为了帮孩子们养成良好的习惯，鼓励孩子们的点滴进步，我细心观察，留意积累，让学生知道他们哪怕一点不起眼的进步老师都注意到了，让他们时刻感受到老师的关注，就会感到班集体的温暖，进而产生对老师的信赖，对班级的热爱。在实现班集体奋斗目标的过程中，我充分发挥集体中每个成员的积极性，使实现目标的过程成为教育与自我教育的过程，每一个目标的实现，都是全体成员共同努力的结果，他们分享着集体的欢乐和幸福，从而形成集体的荣誉感和责任感。

作为年轻教师，学会与家长良性沟通也是至关重要的。刚当班主任的时候，我会害怕应对一些要求比较过分或者比较难以应付的家长。这时候我师傅就会出面，与家长交流，帮我解决问题，我从旁一边学习，一边思考。后来我意识到：有时候家长的言行可能并不妥当，但是，他们的出发点都是疼爱自己的孩子，这与我们的学校教育是完全一致的。于是，我不再畏缩，再遇到这样的事情，就站在家长的立场上想一想，从家长角度出发与家长沟通，你读懂了他们的心，他们自然放心把孩子交给你。现在，经过三年班主任历练后的我，能通过主动给家长打电话、家访等方式与家长保持良性沟通，了解学生在家的学习与生活情况，也及时向家长汇报其子女在校的情况，不仅避免了很多不必要的问题出现，也与家长们建立起了非常和谐的关系。主动学习、转变思想、制定策略、实施验证，我正是这样在学习与思考中慢慢成长起来的。

3.心态上：积极平和、心怀感恩

教育是奉献爱的职业，教师的基本职责是教书育人，对学生的培养方法也有很多，但我认为无论是何种形式都贯穿着对学生的爱。只有当我们的心中充满爱才会用爱心感染学生，才会使我们平凡的工作变得伟大。

我本身就是一个有爱的人，无论在平时的生活中，还是在工作中。记得我刚入职的时候学校就派我去参加国家级的教学比赛，刚接受任务的时候，我觉得这对于刚刚走上工作岗位的我来说完成起来是非常困难的，也产生了一些畏难情绪，但是我的性格又让我很快平静下来，准备抓住这一次绝好的锻炼自己的机会。于是我放下思想包袱，精心准备，请教、学习、思考，一遍遍地推翻自己，再重新来过，虽然过程很艰辛，但经历的一切都是收获与成长，甚至觉得比赛结果都变得不那么重要了。当然，成功总是眷顾努力的人，最终我在"第十五届全国中小学NOC信息技术创新与实践活动"中荣获一等奖。

我常怀感恩之心，感恩学校给我每一次学习、实践、锻炼的机会；感恩直接指出我工作存在问题的师傅；感恩批评我教学出现错误的同事；感恩给我提意见的家长……我深知，只有我常怀感恩之心，才能让我的学生学会感恩，使他们的人格得到完善。教师不单单要怀有感恩之心，还要富有爱心。教师要爱每一位学生，让他们在爱的浸润中学会去爱，关爱他身边的每个人，乃至大自然的一草一木。让他们在爱的怀抱中幸福地成长！

说三年短，日子在忙碌中过得飞快；说三年长，我收获了那么多宝贵的经验。成长是一个过程，这期间有蜕变挣扎的痛苦坚忍；成长更是一种幸福，因为我享受破茧成蝶的自由畅快。我很清楚，要想成为一名优秀的教师，必须要让自我继续发展，不断进步。未来，挑战很多，但我对未来充满信心，因为成长让我内心充满力量！

第五章

幸福学生

　　小学德育的主体是小学生，小学生还处于人生发展的初级阶段，具有鲜明的性格特点。对幸福的理解不同，对事物的感受也不一样，追求幸福的方式更不相同。如何能够让学生理解幸福的真谛，树立正确的幸福观，是帮助他们学会体验幸福的必要前提和基础。幸福的生活应该是道德生活。只有通过道德教育，才能帮助学生认识到物质享乐不是幸福，损人利己不是幸福，真正的幸福是个性化德育的幸福，是个人幸福和社会幸福的统一。多年来，在幸福教育的评价机制下，学校培养了大批优秀学生。2019 年数据显示，本年度学生获得国家级荣誉 1 人次，获得省级荣誉 17 人次，获得市级荣誉 51 人次，获得区级荣誉 147 人次。成绩只是一个阶段的体现，学校德育工作还会一如既往地稳步开展，曙光小学已经成为学生幸福成长的摇篮。

一、学生现状分析

1.学生结构

学生结构分类

学生总数	学生分类	人数（人）	占学生总人数 %
到 2020 年 6 月 18 日为止，学校共有 13 个教学班，507 名学生	城市	206	40.63
	外来务工	301	59.37
	独生子女	355	70.02
	非独生子女	152	29.98

2. 学生特点

学校学生结构分析显示，我校外来务工人员子女占全校总人数的近60%，超过了一半。这些务工子女有的是孩子一出生就在城市，有的是要上小学了才从农村过来。有些学生从小缺乏智力的开发，同时也没有一个正确的家庭教育引导。孩子随着父母来到城市，父母忙于生活的奔波，工作时间较长，而且不固定，有时候对孩子的教育仅仅停留在能完成作业，往往忽视了思想教育。不管是城市户口学生还是外来务工的学生，不管是独生子女还是非独生子女，有好多学生都是由老人照顾，对于学生的吃、穿、住，老人们照顾得非常精心，但是对于学生心灵的启迪就显得欠缺。有的学生自私，没有一颗感恩之心，认为一切都是应该的，"只知受爱，不知爱人"。对自己应对社会、他人要尽的责任和义务缺乏认识，缺少集体主义精神，缺乏基本的文明道德行为修养。也有一部分学生有很强的自我意识，喜欢独立思想，自主要求强，爱活动，有组织能力，对新奇的事物有强烈的好奇心，接受新事物快，不满足接受现成的结论和老师家长的简单说教。但往往个性太强，遇事不为他人考虑，对事物的复杂性缺乏认识，不愿受纪律约束。有些学生缺乏社会责任感，学习动力不足，爱祖国观念不深，缺乏艰苦奋斗的精神，经不起挫折。

3. 学生需求

小学对于一个人的一生起着重要的作用。人在同一年龄段对同一知识的学习能力是不一样的，有早晚之分，也有快慢之分，从而形成自己的学习曲线。一个人如果在短时间内提高成绩，并不是件难事，但是想改变一个人的行为，改变一个人的思想则是难上加难。党的十八大倡导富强、民主、文明、和谐，倡导自由、平等、公正、法治，倡导爱国、敬业、诚信、友善，积极培育和践行社会主义核心价值观。在小学阶段如何引导学生具有正确的人生观和价值观是德育工作中的重中之重，也是当今社会小学生成长过程中的重要需求。

二、育人目标

1. 学生成长目标

学生成长目标为：奠基儿童幸福人生，创造民族幸福未来。2019年3月18日，习近平总书记在北京主持召开学校思想政治理论课教师座谈会上的讲话中指出，"新时代贯彻党的教育方针，要坚持马克思主义指导地位，贯彻新时代中国特色社会主义思想，坚持社会主义办学方向，落实立德树人的根本任务，坚持教育为人民服务、为中国共产党治国理政服务、为巩固和发展中国特色社会主义制度服务、为改革开放和社会主义现代化建设服务，扎根中国大地办教育，同生产劳动和社会实

践相结合，加快推进教育现代化、建设教育强国、办好人民满意的教育，努力培养担当民族复兴大任的时代新人，培养德智体美劳全面发展的社会主义建设者和接班人"。因此，学校把"五有"作为学生培养目标，促进学生的全面发展，将学生培养成有健康身体、有远大理想、有美好心灵、有创造精神、有活泼个性的人才。

2. 幸福学生具体目标

按照国家对义务教育的要求，小学对儿童、少年实施全面的基础教育，使他们在德智体诸方面生动活泼地、主动地得到发展，为提高全民族素质，培养社会主义现代化建设的各级各类人才奠定基础。小学阶段的德育目标是初步具有爱祖国、爱人民、爱劳动、爱科学、爱社会主义的思想感情，初步养成关心他人、关心集体、认真负责、诚实、勤俭、勇敢、正直、合群、活泼向上等良好品德和个性品质，养成讲文明、讲礼貌、守纪律的行为习惯，初步具有自我管理以及分辨是非的能力。

幸福学生具体目标

年段	幸福总目标	幸福班级目标	幸福学生目标
低年段	培养幸福之人需养成良好习惯	建立积极舆论营造幸福氛围	1. 热爱中国共产党，爱祖国，爱人民 2. 爱亲敬长，爱集体，爱家乡 3. 学会微笑问好，懂得礼让
中年段	培养幸福之人需培育感恩之心	1. 留心差异教育，共同体验幸福 2. 队会规划人生，憧憬幸福未来	1. 热爱中国共产党，爱祖国，爱人民 2. 友善待人，学会给予；友善待己、学会发展；友善待物，学会保护 3. 学会感恩，学会关心，学会自理，学会思考；喜欢读书，喜欢健体
高年段	培养幸福之人需树立集体意识	1. 融洽师生关系，体验幸福感受 2. 抓好班级常规，保障班级幸福	1. 热爱中国共产党，爱祖国，爱人民 2. 学会沟通，学会分享，懂得尊重 3. 热爱大自然，具有保护生态环境的意识 4. 诚实守信、友爱宽容、自尊自律，乐观向上

三、实施策略

《现代汉语词典》（第7版）对"幸福"的解释是："使人心情舒畅的境遇和生活"。关于幸福与教育的关系，著名教育家乌申斯基说："教育的主要目的在于使学生获得幸福。"生态理念下的幸福教育文化体系中明确学校的办学理念、发展定位、实施路径、育人目标等，明确办什么样的学校、培养什么人、怎么培养人的问题。我们倡导的幸福教育就是要创造尊重天性、开放舒畅、和谐共生的学校生态系统，滋养儿童的幸福成长。

2017 年 8 月 17 日教育部印发的《中小学德育工作指南》中指出，要全面贯彻党的十八大和十八届三中、四中、五中、六中全会精神，深入贯彻习近平总书记系列重要讲话精神和治国理政新理念新思想新战略，始终坚持育人为本、德育为先，大力培育和践行社会主义核心价值观，以培养学生良好思想品德和健全人格为根本，以促进学生形成良好行为习惯为重点，以落实《中小学生守则》为抓手，坚持教育与生产劳动、社会实践相结合，坚持学校教育与家庭教育、社会教育相结合，不断完善中小学德育工作长效机制，全面提高中小学德育工作水平，为中小学德育工作指出了明确的方向，为中国特色社会主义事业培养合格的建设者和可靠的接班人。

1. 课程育人

众所周知，教育的核心就是育人，是让孩子成为一个充满快乐、富有智慧、勇于担当、对社会有用的人，而不应该将升学作为唯一目标。习近平总书记指出，"要用好课堂教学这个主渠道，思想政治理论课要坚持在改进中加强，提升思想政治教育亲和力和针对性，满足学生成长发展需求和期待，其他各门课都要守好一段渠、种好责任田，使各类课程与思想政治理论课同向同行，形成协同效应"。

学校在平时的授课中会通过语文、道德与法治、思想品德课及家乡课对学生进行德育渗透。小学"课程育人"不仅仅是学科课程，更重要的是德育课程。课程是教育思想、教育目标和教育内容的主要载体，更是德育的重要实施渠道。学校以尊重天性，发展个性为学生发展目标，根据小学生的年龄特点及学生实际需求，立足学校德育工作特点，坚持低起点切入、小目标实施、分层次推进、多渠道展开的工作思路，把"四月四节"定为德育课程。所谓的"四月四节"就是把开展的活动固定化，形成一套完整的体系，形成一种模式，即三月份为"文明之花月"、四月份为"欢乐读书月"、五月份为"炫彩艺术节"、六月份为"传统文化节"、九月份为"金秋体育节"、十月份为"领巾飘扬月"、十一月份为"百花科级节"、十二月份为"感恩至善月"。以丰富多彩的课内外活动，扎实做好各项德育工作，发挥学生的主体意识和创新精神，促进每个学生身心健康发展，努力提高学生的整体素质，使学校德育工作逐步走向规范化、科学化、特色化。

2017 年 3 月 5 日，"文明之花月"学雷锋活动，五、六年级学生走进牡丹园拾捡白色垃圾

2018 年 4 月 23 日，"欢乐读书月"活动，世界读书日三年级师生走进东北师范大学图书馆

2016 年 5 月 30 日，"炫彩艺术节"闭幕式上，竖笛社团同学合奏《天空之城》

2016 年 6 月 9 日，"传统文化节"活动，端午节四年二班学生制作香包

2019 年 9 月 30 日，"金秋体育节"，四年一班同学参加毛毛虫趣味比赛

2018 年 10 月 12 日，"领巾飘扬月"，三年级同学表演的歌伴舞《红领巾飘起来》

2019 年，"百花科技节"，被邀请到中国科学院长春光学精密机器与物理研究所参加"吉林省科技活动周"启动仪式

2018 年 12 月 12 日，"感恩至善月"故事比赛活动中获奖同学与老师合影

2. 文化育人

瑞典教育家爱伦·凯指出：环境对一个人的成长起着非常重要的作用，良好的环境是孩子形成正确思想和优秀人格的基础。现代的教育实际上就是环境教育，环境对人生存和发展的影响，就年龄而言一般是成反比的，年龄越小受环境的影响就越深刻。这是由儿童身心发展的特点、环境所具有的教育价值两方面决定的。温暖和谐的环境能使儿童性格活泼，行为具有理性，并善于交往。从某种意义上说，

环境是幼儿重要的生存条件。成人应该为儿童的成长提供一个适宜的环境、一个充满关爱和自由的环境。

"腹有诗书气自华，最是书香能致远。"在现代社会，提高每个公民的民族素质和文化底蕴，无疑成了一种精神领域的时尚。曙光小学自新教学楼落成后，就一直着力打造书香校园，实施幸福教育。学校营造的"幸福像花儿一样"的主题环境文化，让每一面墙壁会讲故事，会讲孩子们自己的故事。为孩子们创造更多展示的空间，处处体现他们的成长足迹，让学生影响学生。每个楼层一个主题，每个楼层都有鲜明的文化主题，一楼是红色，主题是"让幸福成为一种力量"，主要体现了理念文化；二楼是绿色，主题是"让幸福成为一种体验"，主要体现了德育活动特色；三楼是橙色，主题是"让幸福成为一种责任"，主要体现了运动健康与安全教育内容；四楼是蓝色，主题是"让幸福成为一种创造"，体现了艺术教育特色。

校园文化主题（一楼）——让幸福成为一种力量

校园文化主题（二楼）——让幸福成为一种体验

校园文化主题（三楼）——让幸福成为一种责任

校园文化主题（四楼）——让幸福成为一种创造

校园文化：一楼标识

校园文化（二楼）：祖国在我心中

校园文化（二楼）：八字道德诠释

校园文化（三楼）：健康教育宣传栏

3.活动育人

丰富多彩的德育活动能培养学生良好的道德品质，更能锻炼学生坚强的意志，养成良好的行为习惯。在德育实施中，学校把活动分为常规序列教育和特色活动教育两部分。学校始终坚持"以爱动其心，以严动其行"，动之以情，晓之以理，循循善诱，让爱国主义、集体主义、文明礼貌等深入每一个学生的脑海，使之全面得到提高。

（1）常规序列教育

①坚持养成教育，培养良好习惯

好习惯是一个人终身的财富。习惯是一个人的资本，你有了好习惯，你一辈子都有用不完的"利息"，你有个坏习惯，你一辈子都有偿还不了的债务。养成良好的文明礼仪习惯，即为孩子的人生播下了一颗优良的种子。为了进一步加强行为规范教育，树立曙光学生的新形象，坚持学好、执行好《中小学生日常行为规范》，学校以班级教育、自我教育为主，利用晨会、班会教育学生早上遇到老师和同学要问好，在楼内遇到老师用挥手礼打招呼。"太阳花"广播站每周也增加了"文明小知识"栏目，让学生明白什么事能做、什么事不能做，让学生养成努力学习、热爱劳动、讲究卫生、勤俭节约、诚实守信、遵守公德、礼貌待人的良好行为习惯，为他们的健康成长奠定良好的行为基础。力争让每一个学生都能做到在校做一个文明的小学生，在家做一个文明的好孩子，在社会做一个文明的小公民。

②强化法制教育，增强法律意识

小学生是中国的未来、民族的希望，是社会主义现代化建设的接班人。小学生的健康成长关系到国家的存亡、民族的振兴。增强法制观念，提升法制意识，了解法律知识刻不容缓。学校每学期都会聘请专业人员针对学校的实际情况进行法制教育讲座，平时会以观看录像和校内安全主任进行讲座的方式对学生进行法制安全教育。通过升旗仪式、手抄报、故事演讲、网络知识问答等丰富多彩的活动，让学生学会对自己负责，对他人负责，对社会负责，引导学生知法、守法、用法，把法制安全教育真正落实到实处。

③唱响绿色童谣，培养学习兴趣

童谣集趣味性、思想性和教育性于一体，是儿童喜闻乐见的一种文学体裁。曙光小学的"童谣育人"模式可以追溯到 2010 年，从那时起，便开始了以学生为主体、以实践活动为载体，全面展开校园新童谣与校园文化对接的德育探索，着力打造学校办学新特色。学校从教师、家长中精选任课教师，开发了童谣说唱课、童谣绘画课、英语童谣说唱课、童谣创编指导课、创意童谣课等因学生喜爱和需要而创设的课型。将童谣与课堂教学相结合，结合语文研制"童谣识字"微课程、结合数学研制"童谣数学"微课程、结合英语研制"英语童谣"微课程、结合美术研制"童谣绘画"、结合体育开发"童谣操"。各中队以"悦动童谣""绿色童谣""幸福童谣"等为主题开展多种形式的队会，学校行到各班观摩。同学们通过诗朗诵、舞蹈、集体展示等表演形式，感情真挚、仪态自然、落落大方地展示了"美德篇""礼仪篇""守纪篇""爱国爱家篇"等十余个主题，充分展示了孩子们良好品质的发展。

通过在学生中开展"唱响绿色童谣"活动，在全校掀起了"学童谣、编童谣、唱童谣、演童谣"的热潮。通过一系列活动使文明礼仪的知识内容以童谣的形式在校园里、学生中广泛宣传，寓教于乐，让一首首文明童谣在孩子们中间广为传唱，深深扎根在他们的心中，大量充满时尚元素、时代气息的童谣引导着孩子，伴着他们健康成长。

多年的坚持，终有回报，2011年9月28日，曙光小学在南关区教育系统"传唱原创童谣，争当四好少年"原创童谣比赛活动中荣获二等奖；2014年5月20日，"童谣声声唱响曙光"在市里进行表演，获得与会领导与同行的一致好评；2016年5月4日，在长春市"童心共筑长春梦，经典传承民族魂"少儿经典诵读大赛中荣获二等奖，同年，学校童谣育人经验在长春市未成年人思想道德经验交流会上进行现场交流。

2013年6月25日，"唱响绿色童谣 装扮七彩童年"课间童谣现场会

（2）特色活动教育

作为德育工作者就应该抓住良机，营造氛围，创造性地规划少先队活动内容，做到每月都有活动主题，采用生动活泼的形式，让队员们的能力得到进一步提高。学校大队部本着"年度有主线，月月有主题，天天是活动，处处受教育"的原则，充分发挥少先队组织在学校各项工作中的桥梁和纽带作用。下面以"四月四节"当中的"炫彩艺术节"来详细介绍一下学校开展的活动。

践行社会主义核心价值观　诗书礼乐浸润幸福童年

文艺汇演活动方案

活动目的：

南关区少年宫、南关区曙光小学联合举行"践行社会主义核心价值观，诗书礼乐浸润幸福童年"主题文艺汇演，其目的在于促进师生积极践行社会主义核心价值观，促进诗书礼乐在学生成长中的影响和推动。"诗书礼乐"是培育和践行社会主义核心价值观的重要途径。学校以"兴于诗、习于书、立于礼、成于乐"为载体，开展丰富多彩的"诗书礼乐进校园"活动。学生们在活动中汲取中国智慧，弘扬中国精神，传播中国价值，实现了"我参与、我体验、我幸福"的幸福教育目标。

活动时间：2017 年 6 月 13 日下午

活动地点：蓓蕾宫（东北风剧场）

主办单位：长春市南关区少年宫、长春市南关区曙光小学

活动安排：

1. 竖笛表演《踏浪》《精忠报国》　　　　　　　表演单位：竖笛社团

2. 伟人名篇诵读《七律·长征》　　　　　　　　表演单位：四年二班

3. 少儿拉丁舞《快乐小天使》　　　　　　　　表演单位：少年宫舞蹈班

4. 曙光小学为少年宫围棋教练颁发聘书

5. 古文新唱《诫子书》　　　　　　　　　　　表演单位：五年一班

6. 古诗新唱《村居》　　　　　　　　　　　　表演单位：二年二班

7. 颁奖

8. 乐府名篇《长歌行》　　　　　　　　　　　表演单位：四年一班

9. 舞蹈《老师的目光》　　　　　　　　　　　表演单位：五年二班

10. 古诗吟唱《春晓》　　　　　　　　　　　　表演单位：一年二班

11. 女生独唱《感觉自己萌萌的》　　　　　　　表演单位：一年三班

12. 孝道歌《跪羊图》　　　　　　　　　　　　表演单位：五年二班

13. 桑巴舞表演　　　　　　　　　　　　　　表演单位：少年宫韩薪霏

14. 武术表演《千字文》　　　　　　　　　　　表演单位：三年一班

15. 古诗吟唱《咏鹅》　　　　　　　　　　　　表演单位：一年一班

16. 女生独唱《青藏高原》　　　　　　　　　表演单位：少年宫刘小杰

17. 诗朗诵《我向习爷爷说句心里话》　　　　　表演单位：二年一班

18. 街舞《新王道》　　　　　　　　　　　　　表演单位：街舞社团

19. 诗词联诵《江山如此多娇》　　　　　　　　表演单位：三年二班

20. 古筝《林冲夜奔》　　　　　　　　　　　　表演单位：四年一班

21.《三字经》吟唱　　　　　　　　　　　　　表演单位：一年三班

22. 诗词朗诵《满江红》《我们毕业了》　　　　表演单位：六年一班

践行社会主义核心价值观　诗书礼乐浸润幸福童年

文艺汇演新闻稿

柳絮翩飘，夏花正闹。2017 年 6 月 13 日下午，南关区东北风剧场里笛声悠扬，曙光小学竖笛社团的同学们演奏的乐曲《踏浪》《精忠报国》，拉开了"践行社会主义核心价值观 诗书礼乐浸润幸福童年"主题文艺汇演的序幕。这次活动由长春市南关区少年宫和曙光小学联合举办，集中展示了南关区少年宫和曙光小学在培育和践行社会主义核心价值观、"诗书礼乐进校园"活动中所取得的阶段性成果。

震撼人心的歌曲、优美动人的舞蹈、感人至深的诗朗诵……当天下午，小演员们通过表演唱、乐器演奏、诗词连诵、舞蹈、独唱、诗朗诵等 20 个精彩的节目，演绎了社会主义核心价值观：女声独唱《青藏高原》高亢热烈，展现了西藏特有的风土人情；《踏浪》《精忠报国》《新王道》《老师的目光》等节目是学校竖笛社团、

舞蹈社团、街舞社团的精彩展示；低年级《村居》《春晓》《咏鹅》等古诗吟唱节目，孩子们载歌载舞，用稚嫩的歌声和靓丽的舞姿表达自己的心声；诗词联诵《江山如此多娇》《满江红》以朗诵、舞蹈的形式表现了祖国江山如画、人才辈出，表达着对祖国的深情眷恋与热爱之情；《跪羊图》教会我们孝敬父母；《七律·长征》表现了毛主席的家国情怀；《我向习爷爷说句心里话》诵出了今日少年对祖国的期待；还有《三字经》《千字文》等蒙学经典的不同形式的展示……整个演出过程精彩纷呈、掌声如潮，充分展示了师生们积极向上的魅力和激情，也展现了多姿多彩的文化生活和良好的精神风貌。

据曙光小学朱辉校长介绍，多年来，南关教育坚持"一校一品，一品一红"的区域艺术教育特色，取得了丰厚的成果。曙光小学自 2013 年回迁新楼以来，结合学校德育课程中的"四月四节"，开展了以国学教育为主的传统文化教育，作为培育和践行社会主义核心价值观的重要途径。学校以"兴于诗、习于书、立于礼、成于乐"为载体，开展丰富多彩的"诗书礼乐进校园"活动："一站到底"诗词大会、汉字英雄争霸赛、"书香温润童年，阅读幸福人生"读书阶段成果汇报展示活动、炫彩艺术节"阳光下我们幸福成长"文艺汇演、"唱响绿色童谣，装扮幸福童年"毕业典礼……通过这些途径，学校构建了具有曙光特色的中华优秀传统文化教育体系，学校办学品位得以提升，社会主义核心价值观深入人心，实现了"我参与、我体验、我幸福"的幸福教育目标。

南关区少年宫作为学生校外活动的阵地，通过开设公益课程、举办家长学习大讲堂等活动，促进了家庭、学校、社会等有效联系。学校还引进围棋项目，免费为一、二年级学生开设围棋课。曙光小学以幸福教育理念为引领，通过"四月四节"德育课程为学生搭建体验幸福、收获幸福、创造幸福的途径，此次汇报的内容也是学校德育课程之四月"欢乐读书月"五月"炫彩艺术节"的展示。

曙光小学的学生们在活动中唱经典、演经典、诵经典、悟经典，展示了学校"践行社会主义核心价值观 诗书礼乐进浸润幸福童年"活动的成果。相信他们会在诵读声中学习伟人的品格，在吟唱声中感悟做人的道理。这也是学校开展中华优秀传统文化教育的目标——汲取中国智慧，弘扬中国精神，传播中国价值！

2017 年 6 月 13 日，四年二班学生
在 "践行社会主义核心价值观 诗书礼乐浸润幸福童年" 文艺汇演上表演的诗朗诵《长征》

我爱少先队　相约中国梦

主题大队会活动方案

活动目的：

在举国上下欢庆中华人民共和国成立 69 周年的十月里，在迎接中国少先锋队 69 周年的喜悦日子里，学校将隆重举行 "我爱少先队　相约中国梦" 主题大队会，目的在于深入贯彻习近平总书记 "从小事做起，从身边做起，努力争做新时代的好队员" 的要求和勉励，增强少先队员的荣誉感和归属感。教育和引导新队员、老队员从小学习做人、从小学习立志、从小学习创造，努力成长为担当民族复兴大任的时代新人，在星星火炬旗帜的指引下茁壮成长！

活动时间：2018 年 10 月 12 日下午

活动地点：学校操场（租舞台、音响）

邀请人员：东北师大教授、教育局相关科室人员、全体家长

活动内容：

开场：竖笛合奏《精忠报国》　　　　　　　　　表演单位：校竖笛乐团

133

第一项：新队员入队

1. 各中队报告人数

2. 出队旗

3. 唱队歌

4. 佩戴红领巾

5. 宣誓

6. 新队员代表讲话

7. 老队员代表讲话

第二项：颁奖

第三项：校长讲话

第四项：文艺节目汇演

1. 歌伴舞《红领巾飘起来》	表演单位：三年级
2. 舞蹈《中国范》、快板《中华英雄赞》	表演单位：二年级
3. 歌伴舞《国家》	表演单位：六年一班
4. 合唱《祝福你，亲爱的祖国》	表演单位：四年级
5. 诗朗诵《我爱你中国》	表演单位：六年二班
6. 独唱《祖国像妈妈一样》	表演者：王晨歌
7. 合唱《祖国祖国我们爱你》	表演单位：一年级
8. 合唱《明天会更好》	表演单位：五年级

我爱少先队　相约中国梦

主题大队会活动总结

10月13日，是中国少年先锋队建队日。为了欢度我们自己的节日，曙光小学召开了"我爱少先队　相约中国梦"主题大队会。

10月12日下午13：00分全校师生欢聚一堂，乐曲《精忠报国》的演奏拉开了大队会的序幕。所有入队的学生都面带笑容，怀揣着欣喜与激动准备加入中国少年先锋队。在雄壮的出旗曲声中，鲜艳的队旗进入主席台。少先队员们激情澎湃，唱起了《中国少年先锋队队歌》。接着大队辅导员武老师宣布了入队名单，由五年级的大哥哥大姐姐们为新队员戴上了鲜艳的红领巾。当鲜艳的红领巾佩戴在他们的胸前时，新队员的脸上都洋溢着激动与自豪。在大队辅导员的带领下，全体少先队员在队旗下光荣宣誓：时刻准备着……

新队员代表在发言时，表达了全体新生的兴奋与激动，并用稚嫩的话语表决心。老队员代表六年一班孙粲同学向新入队的少先队员表示了热烈的欢迎。大队辅导员老师还代表全体老师们表达了对入队新生的祝福，对新队员提出了希望：树立理想、热爱学习、热爱科学、强健体魄、健全人格、勇于实践，并号召大家用自己的行动证明自己无愧于少先队员这个神圣的称号。朱校长代表学校领导和老师以及所有的老队员，向新队员们表示衷心的祝贺！此次活动的目的在于深入贯彻习近平总书记"从小事做起，从身边做起，努力争做新时代的好队员"的要求和勉励，增强少先队员的荣誉感和归属感。

学校还邀请了东北师大专家参加此次活动。活动中少先队员们为与会专家佩戴了红领巾，并邀请他们为在"领巾飘扬月"歌唱比赛活动中获奖的班级颁奖。各中队表演的精彩的文艺节目有：歌伴舞《红领巾飘起来》《国家》、舞蹈《中国范》、快板《中华儿女赞》、合唱《祝福你，亲爱的祖国》《祖国祖国我们爱你》、诗朗诵《我爱你中国》、独唱《祖国像妈妈一样》，最后在《明天会更好》的歌声中落下了帷幕。

通过这次活动，队员进一步提高了对中国少年先锋队的认识，也对自己未来的行动树立了新的目标，同时也用不同的方式表达了对祖国母亲的爱。这一刻将永远留在他们的脑海中，这一天必将成为这批新队员人生中的一篇美妙动人的乐章。祖国——明天会更好！曙光——明天会更好！

2018 年 6 月 12 日，四年级学生在"我爱少先队　相约中国梦"
主题大队会上表演合唱《祝福你，亲爱的祖国》

学校德育工作在实践、总结中不断完善，求实效、求高度、求规范。在德育内容上，把思想、道德规范、法制和心理教育融为一体；在德育过程中，把知、情、意、行融为一体；在德育体系里，把目标、内容、途径、方法和管理、评价融为一体，扎实系统地开展系列教育活动。

4. 实践育人

智慧的所罗门王说过一句话："耳朵是听的，眼睛是看的，两般皆易忘，只有亲身经历过的才会刻骨铭心。"综合实践活动课程是学校学科课程的一项重要的组成部分，其创生是我国基础教育课程结构的新突破，是我基础教育课程形态的新构建，它体现了国际基础课程改革的新趋势，反映了当代以创新精神和实践能力培养为核心的素质教育的新要求。与其他课程相比，综合实践活动具有综合性、实践性、开放性、生成性、自主性等特点。

学雷锋活动。每年的"学雷锋活动日"来临之际，也是曙光小学的"文明之花月"，以"幸福德育"为依据，学校都要走带领学生进敬老院探望孤寡老人，为老人献上一份爱心，送上一份关心。通过活动让同学们在社会服务中得到体验和感悟，思考自己的社会责任，学会感恩，报答社会，关心弱势群体，营造温馨和谐、健康文明的氛围。

2017年3月3日，"弘扬雷锋精神 敬老奉献爱心"四年一班同学走进敬老院表演节目

清明节祭扫活动。每年的清明节到来之际，我校都要组织学生进行扫墓活动。面对烈士墓举行庄严的祭扫仪式，队员们怀着敬仰的心情，向烈士墓敬献鲜花，用诗朗诵表达对革命先烈的追思。这一活动给队员们上了一堂生动形象的革命传统教育课，不仅让少先队员们充分了解革命先烈的光辉事迹，使他们经受了一次心灵的洗礼，而且对他们形成正确的人生观、价值观起到了很好的促进作用，使他们的思想道德水平得到了一次有效的提升。牢记自己是祖国的希望，肩负着民族振兴的重

任，要磨炼意志，不断进步，为中华富强勤奋学习！

2019 年 3 月 29 日，全体师生走进长春市烈士陵园扫墓

　　职业体验活动。"当当城"是一个可以进行各种专业体验的实践活动场所。2016 年学校大队部组织全体学生走进"当当城"进行社会实践活动。在"当当城"里，孩子们成了真正的主人，他们三个一群，五个一伙，兴致盎然地穿梭于一个个布置特别的体验馆，尽情选择理想中的职业，快乐体验"职业生活"。"当当城"里有二十多种职业可供孩子们选择：宇航员、记者、医生、法官、消防员、演员……孩子们乐此不疲地"找工作"，专心致志地"打工赚钱"。通过活动让学生初步体会到在劳动中取得报酬的道理，同时有了同学之间相互合作的团队意识，并在职业体验中获取知识，在职业体验中感受到成长的快乐。

2017 年 6 月 6 日，全校学生走进"当当城"参加职业体验

5. 管理育人

2019 年 10 月 13 日，习近平总书记致中国少年先锋队建队 70 周年的贺信中提到：少先队应该是少年儿童学习中国特色社会主义和共产主义的学校，应该是建设社会主义和共产主义的预备队。新时代少先队员要热爱祖国，热爱人民，热爱中国共产党，树立远大理想，培养优良品德，勤奋学习知识，锻炼强健体魄，培养劳动精神，从小学先锋、长大做先锋，努力成长为能够担当民族复兴大任的时代新人！

（1）加强中队辅导员队伍建设

一名优秀的中队辅导员，能改变人的一生。中队辅导员是少先队员的引路人，对少先队员一生的影响更大，如何培养出合格的中队辅导员呢？学校大队部每学期都会组织中队辅导员进行培训，举办中队辅导员交流会，组织中队辅导员老师外出参加培训。通过各种活动让中队辅导员老师在学习中提升，在交流中进步，成为少先队员健康成长的导师和指路人，成为中队与各科教师间的纽带，成为学校、社会、家庭沟通的枢纽，切实发挥中队辅导员老师的作用。

（2）加强少先队干部建设

少先队是学校工作中最活跃的组织，少先队小干部又是少先队组织的核心力量。小干部们担负着管理、服务、监督、组织等职责，在少先队员中发挥着不可替代的作用。首先，学校大队干部实行轮换制度，每年都会定期进行换届选举，提倡学生自己的事情自己管，自己的未来自己创，给学生提供一个公平竞争的机会。其次，做好中队小干部的选拔，提倡学生有为同学服务的意识。每月定期对大队干部和中队干部进行培训，对他们在工作中存在的问题提出并要求改正，使他们能真正成为老师的小帮手。

6. 组织实施

加强组织领导，德育是素质教育的核心内容，德育工作在全面实施素质教育中具有十分重要的动力、向导和保证作用。学校成立了以校长朱辉为组长、副书记吴云飞、副校长潘春竹为副组长、德育主任李俊波、安全主任何长生、后勤主任陈家祥及所有班主任为成员的德育工作领导小组。所有人员明确责任，各司其职，有计划、有布置、有落实、有检查、有成效。

加强条件保障，健全和完善德育管理制度，夯实德育制度保障。制定了《曙光小学班级一日常规》《曙光小学班主任考核制度》《曙光小学卫生检查制度》《曙光小学纪律检查制度》。学校虽然环境条件有限，教室不多，但是也建立了少先队活动室。学校每年将思想道德教育工作方面的经费投入项目都列入预算，各类德育活动在经费上予以保障，这确保了德育工作的顺利开展，而且对从事德育工作的同志也是极大的鼓励。

加强队伍建设，建设一支高素质的德育工作队伍是做好德育工作的基础。学校制定班主任管理制度，建立了从班主任选拔、聘用、考核、激励的一系列措施，确保班主任队伍的质与量；加强班主任的学习与交流，立足全员，突出骨干，重视班主任的培训工作，加强班主任队伍的专业化建设，提高班主任队伍的整体素质。同时，努力提高德育骨干队伍综合素质，加强心理健康教育专兼职教师培训，切实发挥心理健康教育作用，在全校开展师德建设，不断提高全体教师德育意识，形成全员育人的浓厚氛围。学校多次给老师提供外出学习的机会，让老师们走出去，看看外面的世界，参加全国、省、市、区各级培训，目的就在于提高老师们德育工作专业化水平。

四、班集体建设

关于幸福，苏格拉底认为，人生的本性是渴求幸福，其方法是求知、修德行善，然后是一位幸福之人。可见，知识与德行对于幸福非常重要。对于小学生来说，处于人生的起步阶段，是积累丰富知识、培养良好德行的重要时期，在现代班集体的建设中，也应当充分让学生感到幸福。一个好的、幸福的现代班集体一定是从多方面汲取着养分，班主任作为家庭和学校的纽带，作为班级集体建设的领导者，应该充分发挥家长的力量，调动社会的各种资源，来促进学生的全面发展，促进班集体的成长。

1. 找好一个支点，做新型的管理者

习近平在 2019 年 9 月 10 日第三十四个教师节讲话中强调，教师是人类灵魂的工程师，是人类文明的传承者，承载着传播知识、传播思想、传播真理，塑造灵魂、塑造生命、塑造新人的时代重任。搞好学校的德育工作，离不开一支经验丰富、方法独到的德育工作者队伍，那就是班主任队伍。为提高班主任工作管理的水平和方法，形成良好的班级风尚，学校从大处着眼，从小事入手，经常组织班主任老师走出去，听讲座，学管理，向同行学习。在校内召开班主任工作经验交流会，在交流会上大家畅所欲言，互相介绍自己关于管理班级好的方法，互相借鉴学习。通过参观、交流、学习，不断提高班主任的工作水平和能力，用更多创新的方法，扎实、有效地推进班级工作，创建平安、向上、积极和谐的班集体。

2. 形成一个特色，彰显班级风采

一个具有特色的班集体能够潜移默化地对学生进行各方面的熏陶、塑造，具

有极大教育功能。学校开
展特色班级创建活动，从
培养学生的自主意识出发，
充分调动学生的能动性，
促进班级集体的凝聚力和
创造力。班主任和学生都
能积极思考，根据班级学
生实际情况，选择班级特
色项目，如纸盘画、衍纸、
读书、扇画、古诗配画、

二年二班班级特色——扇画

魔方……通过班级特色营造良好的班级氛围，树立班级形象，创建温馨班级，形成
一班一品，让班级真正成为学生的"家"。

四年一班班级特色——魔方

四年二班班级特色——古诗配画

四年三班班级特色——刮刮画

五年一班班级特色——衍纸

五年二班班级特色——诗朗诵

六年一班班级特色——纸盘画

五、家校合作

办好教育事业，家庭、学校、政府、社会都有责任。家庭是人生的第一所学校，家长是孩子的第一任老师，要给孩子讲好"人生第一课"，帮助扣好人生第一粒扣子。当代教育应该是学校教育，家庭教育和社会教育三者结合整体的育人系统；在这个系统工程里面，学校、家庭和社会都担负着重要和不可推卸的责任。现代教育不仅在时间上扩展到一个人的终生，而且在空间上扩展到全社会。在这种趋势下，学校、家庭、社会将构成儿童成长的一体化环境，对小学生的身心健康发展发生重要的影响。

1. 成立家长委员会，搭建家校共育桥梁

人们常说："父母是孩子的第一位老师，家庭是孩子受教育的第一课堂。"由此可见，家庭教育对学生思想品德的形成有着至关重要的作用。因此，学校重视和发展家庭教育，目的在于帮助家长树立正确的教育思想，提高对素质教育的认识水平，把家庭教育与学校教育紧密结合起来，共同关爱学生。班级通过家长自荐、家长推荐等方式成立班级家长委员会，并由班级家长委员会组长成立学校家长委员会，让学校教育和家庭教育携手同行。

2. 拓宽教育空间，形成家校共育氛围

学校教育是主体，是对学生进行素质教育的最重要场所，它不同于家庭、社会的影响，对学生思想品德的健康成长，树立正确的人生观、价值观、世界观，有着不可替代的而且是不容忽视的优势。为了更好地让家校共育落到实处，学校每学期都会设立家长开放日，让家长走进课堂，进一步了解学校教学情况以及孩子上课情况，同时诚恳听取家长对教师教学提出的合理化建议，互相学习，共同进步。学

校大队部还结合德育课程中的"四月四节"邀请家长参与到学生活动中，如"践行社会主义核心价值观 诗书礼乐浸润幸福童年"文艺汇演、"跳蚤市场"、"美食分享会"、"我健康、我快乐"亲子运动会等多项活动，切实落实家校共育。

3. 改变教育思想，促进家校共育发展

家庭教育是基础，是对学校教育进行的必要的调整和补充。瑞士教育家斐斯塔洛齐提出，"道德教育最主要的场所是家庭"，孩子对母亲的爱进而发展到对兄弟姐妹、邻里的爱，这就是道德发展的基本原则。学校学生总数为507人，其中有301名学生为外来务工子女，家长忙于生计的奔波，有很多家长认为把孩子交给学校就万事大吉，忽略了孩子的家庭教育。因此，学校特别重视家庭教育，通过下发家长一封信、人人通空间平台、微信群、QQ群、家庭教育讲座等多种方式，改变家长教育思想，形成家乡共建良好局面。

六、幸福学生评价

实施新一轮课程改革以来，学生评价改革成为基础教育课程改革中建立新型教育评价体系的核心内容和关键环节，是新课程实施的重要任务和基本要求。新课标指出："评价的主要目的是为了全面了解学生的状况，激励学生的学习，改进教师的教学，应建立评价目标多样化、评价方法多样化的评价体系，对学生学习的评价既要关注学生的学习结果，更要关注他们在学习实践活动中所表现出来的情感和态度，帮助学生认识自我，建立信心。"

1. 评价目标

引导学生全面而有个性发展。综合素质评价材料翔实、过程完整，是学生成长的必要条件。学校引导学生开展自我评价并进行自我调整和自我管理，促进教师开展学生成长过程指导和生涯辅导，帮助学生确定个人发展目标，实现全面而有个性的发展。

促进学校落实立德树人根本任务。通过综合素质评价的导向，引导学校把握学生成长规律，模范执行国家课程方案，开齐开足开好规定课程，深入开展各种素质教育活动，促进学校深化教育教学改革，加快内涵发展、质量提升。

助力学生幸福发展。小学是打基础的重要阶段，学生评价的最终目标是全面提高学生素质，学校能为学生提供诚挚的帮助，有利于他们更加幸福成长。

2. 评价原则

发展性原则。评价以促进学生发展为目标，定性与定量评价相结合，注重过程评价，关注学生成长，正确发挥评价的导向功能，为学生终身发展奠定基础。

过程性原则。评价要关注学生成长历程，把日常评价、成长记录与学科测试结合起来，把书面测试与平时作业、课堂表现、情境测验、行为观察、实验操作等结合起来，实现评价方式多样化。

激励性原则。评价要最大限度地调动学生的积极性，肯定成绩，表彰先进，树立榜样，使学生发扬优点，改正缺点，让评价成为激励学生不断发展的动力。

科学性原则。全面贯彻党的教育方针，从德智体美劳等方面综合评价学生的发展，突出学生基本素质的培养与形成，体现"知识与技能、过程与方法、情感态度与价值观"三个维度的整合，促进学生素质的全面和谐发展。

动态生成性原则。评价活动本身是一个动态生成的过程，教育过程本身具有生命性。因此评价可根据学生年龄特点，根据学期教育教学工作重点，强化过程，凸显行为习惯的培养与达成。

可操作性原则。根据学校、班级实际，在具体实施过程中方法力求灵活简便易行，避免烦琐和形式化，有利于教师将评价融入教育教学全过程，有利于学生形成良好的道德品质和良好的学习习惯，使评价具有较强的时效性、针对性及可操作性。

3. 评价内容

操行表现评价。对照《小学生守则》《小学生日常行为规范》，学生养成的道德品质与公民素养、学习习惯与生活能力、个性品质与情感态度等个人操行表现。

个性特长评价。通过德育课程"四月四节"开展的书画比赛、体育运动、演讲比赛、手抄报比赛、征文比赛等各种活动，了解学生的参与情况，对有特殊表现的学生做出相应的评价记录。

学业发展评价。根据小学生学习活动的特点，学业评价的内容分为课堂评价、作业评价、检测评价和综合评价四个方面。

4. 评价方式

自我评价。每个学生都要建立学生成长记录册，收集能够反映自己学生过程和结果的资料，包括最佳作品、社会实践记录、体育与文艺活动记录等。每个月都要给自己的表现进行一个分数定位，期末针对自己本学期的表现作出评价。学生的自我评价，有助于自我反思、自我调整和自我提高。

同学评价。同伴之间的互相评价必须是在老师引导下进行的。依据平时对同学的表现及同学成长记录册收集的材料了解，公平、公正地作出自己对同学的评价，写出自己对最信任的同学或同龄朋友的希望与祝愿。

教师评价。班主任、学科教师要在教育活动的全过程中，坚持定性分析与定量分析相结合，采用多样的、开放式的评价方法，了解每位学生的学习兴趣与习惯、学习状况与发展、学习特点与潜能等情况，对学生达到的学科和学段目标进行随机评价，促进学生全面发展。

家长评价。家长是学生在家里表现的重要见证人，也是学生重要的启蒙老师。家长可以从学生作业情况、养成习惯等方面在自我评价、同学评价、老师评价的基础上对自己的孩子做出客观的分析及鼓励性的评价。

5. 评价结果：小学生幸福指数状况

为研究小学生幸福感的现状，本研究参考国内外有关学生幸福感量表，结合曙光小学学生幸福感发展现状，编制了"曙光小学学生幸福感现状调查问卷"。2020年4月14日，面向曙光小学1–6年级的全体学生，发放调查问卷545份，其中有效问卷541份，无效问卷4份。回收率99.27%。被试中男生288人，女生253人。在数据整理过程中，采用SPSS19.0进行分析。部分分析过程如下：一是对性别、是否是独生子女等维度的幸福感分析进行独立性t检验，对不同年级维度的小学生幸福感分析进行方差分析，保证分析结果的可靠性。

（1）小学生幸福感的总体状况

下表和下图是小学生幸福感总体状况。从表中能够看到，小学生幸福感的平均分为2.39，1为非常同意，5为非常不同意，那么小学生幸福感属于中上等水平，分析各维度平均分数，从大到小依次为小学生校外幸福感、小学生自身幸福感、小学生校内幸福感，最后是小学生生活质量幸福感。说明被试曙光小学学生的总体幸福感状况良好。

小学生幸福感总体状况（一级指标）

	样本量	最小值	最大值	平均值	标准误
生活质量幸福感	541	1	5	2.48	1.01
自身幸福感	541	1	5	2.36	0.78
校内幸福感	541	1	5	2.44	0.84
校外幸福感	541	1	5	2.30	0.66
总体幸福感	541	1	5	2.39	0.82

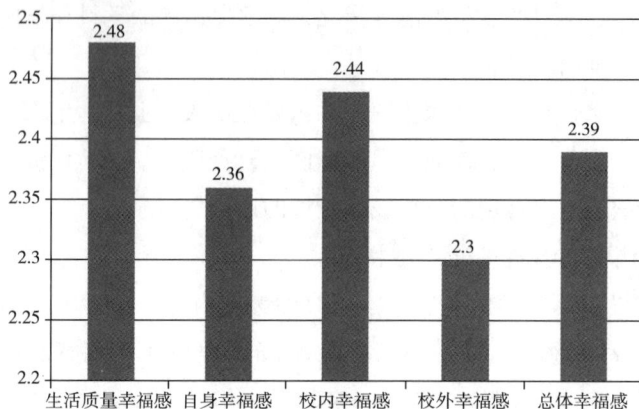

小学生幸福感状况

（2）小学生幸福感差异状况分析

为了更直观地观察人口学因素对于曙光小学学生幸福感的影响，基于SPSS19.0 对不同人口学因素群体进行小学生幸福感整体和各维度独立样本 T 检验和单因素方差分析。原假设 H0 为：各组均指相等，备选假设 H1：各组均值不相等。当 P 大于 5%，表示原假设显著性水平高于 0.05，接受原假设，即小学生幸福感总体和各维度下没有显著性差异；如果 P 小于 0.05，显著性水平低，拒绝原假设，接受备选假设，说明教师幸福感和各维度在该因素下有显著性差异。

（3）学生幸福感性别差异状况

检测变量为生活质量幸福感、自身幸福感、校内幸福感、校外幸福感和总体幸福感，分组变量为性别，通过 Levene 的方差相等测试和均值相等 T 检验。结果如下表所示。

不同性别小学生幸福感整体及各维度的独立样本 T 检验

考察维度	性别	均值	标准差	Levene 的方差相等测试 P 值	T 值	均值相等检验 P 值
生活质量幸福感	男	2.34	1.09	0.27	−2.02	0.02
	女	2.61	0.92			
自身幸福感	男	2.20	0.77	0.23	−2.98	0.005
	女	2.50	0.76			

续表

校内幸福感	男	2.40	0.91	0.54	−0.73	0.01
	女	2.48	0.77			
校外幸福感	男	2.19	0.72	0.08	−2.36	0.04
	女	2.40	0.60			
总体幸福感	男	2.35	0.82	0.55	−1.21	0.03
	女	2.49	0.79			

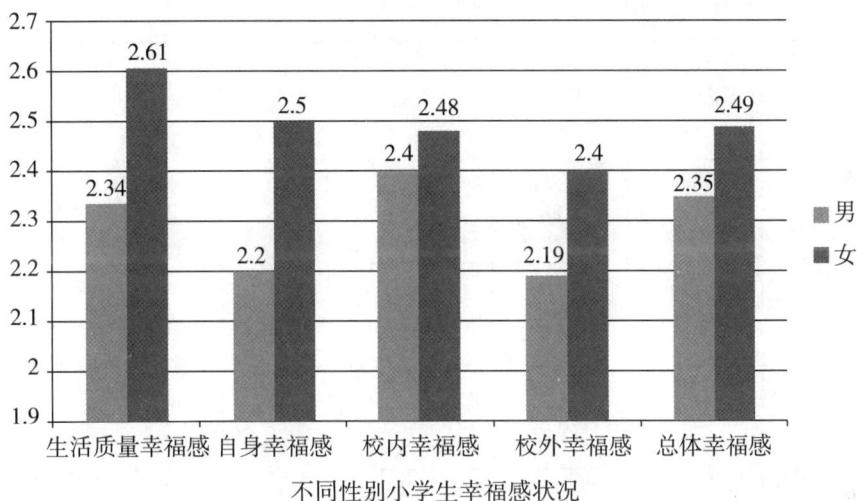

不同性别小学生幸福感状况

据表可得，5个检验项目的 Levene 方差相等测试 P 值均大于 0.05，因此接受假设方差相等的 P 值进行分析。各项指标的影响通过与 5% 作为阈值进行比较判断，生活质量幸福感的 P 值为 0.02，接受原假设成立的概率小于 5%，所以接受备选假设，即不同性别的小学生生活质量幸福感均值有显著性差异。自身幸福感的 P 值为 0.005，说明接受原假设成立的概率小于 5%，显著性水平低于 5%，所以拒绝原假设，即不同性别的小学生自身幸福感均值有显著性差异。校内幸福感的 P 值为0.01，说明原假设成立的概率有 1%，显著性水平低于 5%，所以拒绝原假设，即不同性别的小学生校内幸福感均值有显著性差异。校外幸福感的 P 值为 0.04，说明原假设成立的概率有 4%，显著性水平低于 5%，所以拒绝原假设，即不同性别的小学生校外幸福感均值有显著性差异。总体幸福感的 P 值为 0.03，说明原假设成立的概率有 3%，显著性水平低于 5%，拒绝原假设，即不同性别的小学生幸福感均值

有显著性差异。

从表中还可以看出，小学生生活质量幸福感的平均得分：男生＞女生，自身幸福感的平均得分：男生＞女生，校内幸福感的平均得分：男生＞女生，校外幸福感的平均得分：男生＞女生。

（4）小学生幸福感是否是独生子女的差异状况分析

检测变量为生活质量幸福感、自身幸福感、校内幸福感、校外幸福感和总体幸福感。分组变量为独生子女，进行 Levene 的方差相等测试和均值相等的 T 检验，结果如下表所示。

是否是独生子女小学生总体幸福感及各维度的独立样本 T 检验

考察维度	性别	均值	标准差	Levene 的方差相等测试 P 值	T 值	均值相等检验 P 值
生活质量幸福感	是	2.28	0.90	0.27	−2.79	0.02
	否	2.66	1.07			
自身幸福感	是	2.23	0.74	0.23	−2.29	0.01
	否	2.47	0.80			
校内幸福感	是	2.32	0.76	0.54	−1.86	0.04
	否	2.53	0.89			
校外幸福感	是	2.26	0.67	0.08	−0.87	0.01
	否	2.34	0.66			
总体幸福感	是	2.29	0.81	0.45	−1.92	0.02

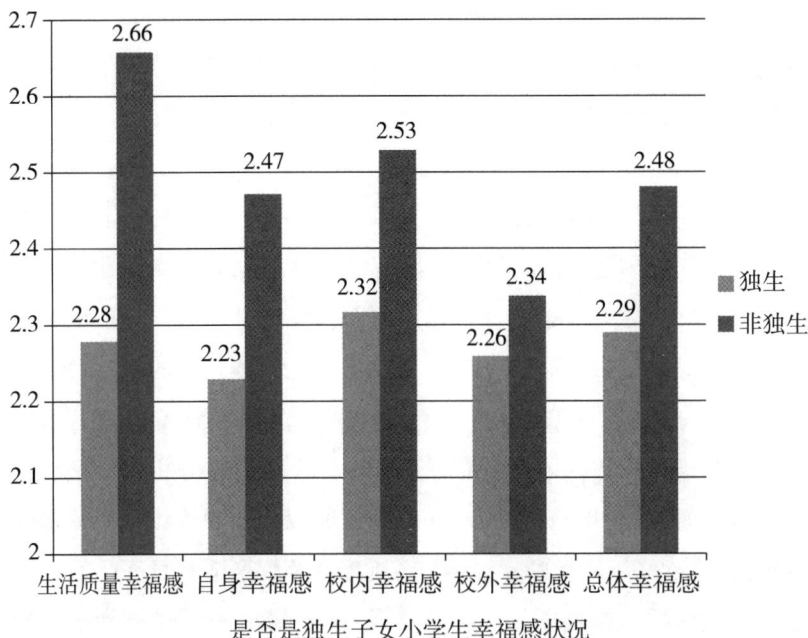

是否是独生子女小学生幸福感状况

据表可得，5 个检验项目的 Levene 的方差相等测试 P 值均大于 0.05，所以都接受假设方差相等的 P 值分析。各项指标的影响性通过与 5% 作为阈值进行比较判断，生活质量幸福感的 P 值为 0.02，表明接受原假设成立概率有 2%，显著性水平低于 5%，拒绝原假设，即小学生生活质量幸福感均值与小学生是否是独生子女有显著性差异。自身幸福感的 P 值为 0.01，说明接受原假设成立的概率有 1%，显著性水平低于 5%，所以拒绝原假设，即小学生自身幸福感均值与小学生是否是独生子女有显著性差异。校内幸福感的 P 值为 0.04，说明原假设成立的概率有 4%，小于 5%，所以接受原假设，即小学生校内幸福感均值与小学生是否是独生子女有显著性差异。校外幸福感的 P 值为 0.01，说明原假设成立的概率有 1%，显著性水平低于 5%，所以拒绝原假设，即小学生校外幸福感均值与小学生是否是独生子女有显著性差异。总体幸福感的 P 值为 0.02，说明原假设成立的概率有 2%，小于 5%，拒绝原假设，即小学生幸福感均值与小学生是否是独生子女有显著性差异。

从表还可以看出，小学生生活质量幸福感的平均得分：独生子女 > 非独生子女，自身幸福感的平均得分：独生子女 > 非独生子女，校内幸福感的平均得分：独生子女 > 非独生子女，校外幸福感的平均得分：独生子女 > 非独生子女。

（5）小学生幸福感的年级差异状况分析

方差分析用于检验在小学生幸福感问卷得到的数据样本服从正态分布前提下，

用于检验方差差异即可判断出各个因素对检测指标影响的显著程度。根据影响检测条件个数分为单因素方差分析、双因素方差分析、多因素方差分析。各项指标的影响性通过与5%作为阈值进行比较判断，在多组检测样本方差相等前提下进行检验，因此在方差分析之前要进行齐性检验，当方差检验 P 值大于 5% 时，说明各个检测样本相等概率大于 5%，具备方差分析前提条件；如果 P 小于 5%，说明各组方差相等概率在 5% 以下，不具备检验条件，但可以采用其他方法对 P 值进行修正，并得到修正后的 P 值。在方差分析之前，提出原假设和备选假设。原假设为：各组均值相等，备选假设为：各组均值不相等。当方差分析或修正后的 P 值大于 0.05 时，说明原假设成立的概率大于 0.05，所以接受原假设，即在 5% 的显著性水平下，小学生幸福感和各维度在该因素下没有显著性差异；当方差分析或修正后的 P 值小于 0.05 时，说明原假设成立的概率小于 0.05，所以拒绝原假设，接受备选假设，即在 5% 的显著性水平下，教师幸福感和各维度在该因素下有显著性差异。

以小学生生活质量幸福感、自身幸福感、校内幸福感、校外幸福感和整体得分作为检验指标，以年级作为因素，进行单因素方差分析。不同年级的小学生幸福感具体维度情况如下表所示。

不同年级小学生总体幸福感及各维度的单因素方差分析

考察维度	年级	均值	标准差	方差齐性检验 P 值	F 值	方差分析 P 值
生活质量幸福感	一年级	2.15	1.12	0.42	4.22	0.24
	二年级	2.44	1.02			
	三年级	2.35	0.79			
	四年级	2.73	0.86			
	五年级	2.54	0.96			
	六年级	2.47	0.85			

续表

自身 幸福感	一年级	2.18	1.40	0.71	6.82	0.19
	二年级	2.34	0.87			
	三年级	2.66	1.01			
	四年级	2.48	0.84			
	五年级	2.39	1.24			
	六年级	2.42	0.96			
校内 幸福感	一年级	2.18	0.57	0.92	3.41	0.01
	二年级	2.24	0.82			
	三年级	2.29	0.76			
	四年级	2.36	1.03			
	五年级	2.41	0.87			
	六年级	2.47	1.06			
校外 幸福感	一年级	2.35	0.78	0.89	2.29	0.25
	二年级	2.31	0.94			
	三年级	2.62	0.94			
	四年级	2.44	0.68			
	五年级	2.56	0.83			
	六年级	2.47	1.13			

续表

总体幸福感	一年级	2.33	0.76	0.39	4.15	0.04
	二年级	2.36	1.06			
	三年级	2.48	1.05			
	四年级	2.27	0.84			
	五年级	2.31	1.18			
	六年级	2.38	0.96			

生活质量幸福感

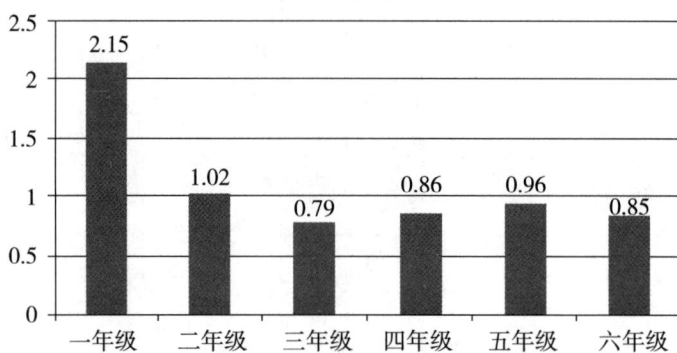

不同年级小学生生活质量幸福感

自身幸福感

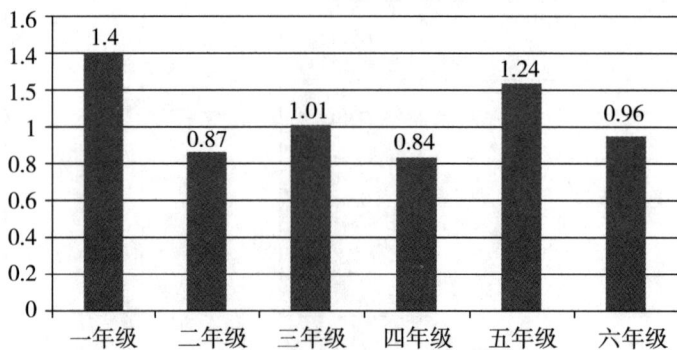

不同年级小学生自身幸福感

校内幸福感

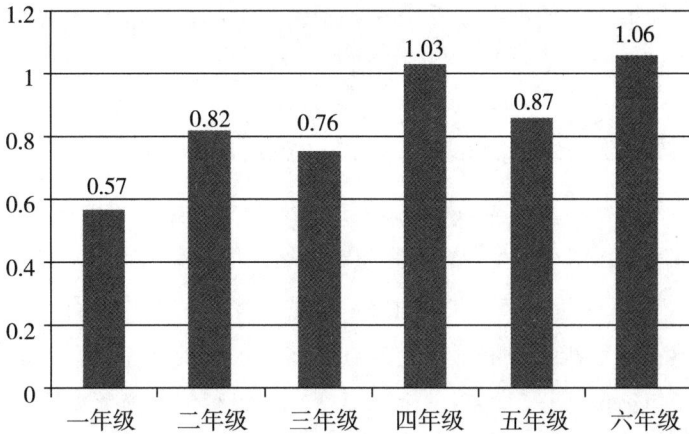

不同年级小学生校内幸福感

校外幸福感

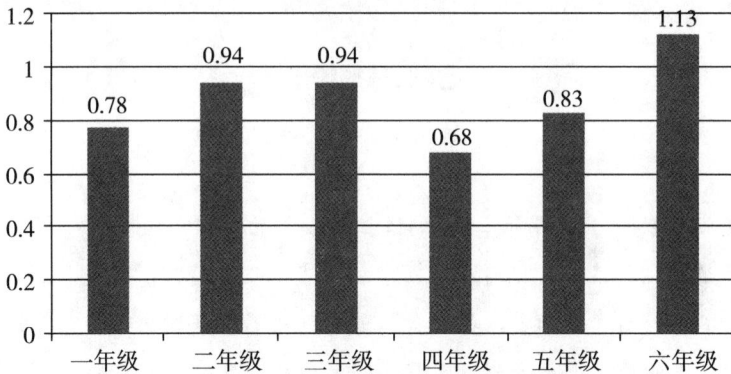

不同年级小学生校外幸福感

总体幸福感

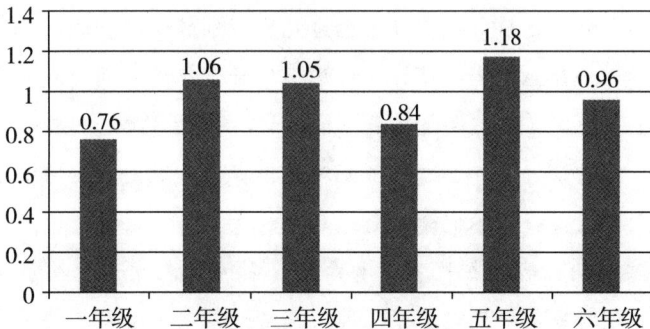

不同年级小学生总体幸福感

据表可得，5 个检验项目的方差齐性检验 P 值均大于 0.05，因此均选择假设方差相等的各检验指标 P 值进行分析。各项指标的影响性通过与 5% 作为阈值进行比较判断，生活质量幸福感的方差分析 P 值为 0.24，大于 0.05，说明在 5% 的显著性水平下，接受原假设，即小学生生活质量幸福感在年级维度没有显著差异。自身幸福感的方差分析 P 值为 0.19，大于 0.05，接受原假设，即小学生自身幸福感在年级维度没有显著差异。校内幸福感的方差分析 P 值为 0.01，说明在 5% 的显著性水平下，拒绝原假设，即小学生校内幸福感在年级维度有显著差异。校外幸福感的方差分析 P 值为 0.25 大于 0.05，说明在 5% 的显著性水平下，接受原假设，即小学生校外幸福感在年级维度没有显著差异。总体幸福感的方差分析 P 值为 0.04，小于 0.05，因此拒绝原假设，即小学生幸福感在年级维度有显著差异。从上表还可以看出，小学生的校内幸福感平均得分：一年级＞二年级＞三年级＞四年级＞五年级＞六年级。另外，三个幸福感维度在年级上没有显著性差异。

七、典型案例

老师，你慢慢来

长春市南关区曙光小学：刘岩

多年的教学经验让我明白，当我们给孩子成长的时间，等来的也许是一树花开。

至今为止，我都清晰地记得小李同学初到我班里的情形。先是收到了同事"这孩子一看就不让人省心"的善意提醒，接着听到他的妈妈讲述他与众不同的经历：小李同学比班里的孩子要大两岁，父母离异时他跟了父亲，母亲去了别的城市，两年内鲜有联系。直至最近孩子母亲辗转联系上他们父子，才发现孩子已经离开校园一年有余。母亲意识到问题的严重性，遂把孩子接到自己身边，准备让孩子再次走进学校。在来到我班里之前，他们母子已经几次被别的学校拒之门外。现在，学校愿意接受孩子，已经让他们喜出望外了。跟小李母亲交流期间，我一直也在观察孩子的举动，他个子瘦高，虽然年龄已到了六年级孩子的年龄，但看起来还是小孩子的感觉，眼睛里充满了好奇。偶尔的目光对视，我惊奇地看到他的眼睛里竟有隐隐的示威，心里不禁闪出一丝担忧。

后来的事实证明，我的担忧不是多余的。因为很久没有进入学校系统学习，所以他从书写到成绩差得一塌糊涂。又因为常常受到父亲的"暴力教育"，所以，性格敏感乖张，像个小刺猬，随时准备张开全身的硬刺应对外界的一切。第一次交锋来得比我预期得要早，小李同学因为扰乱课堂纪律受到我的批评。我批评他时，他拒绝起立，最后还挑起眉毛问我："别人也扰乱纪律了，你怎么不说他们？"我已经从事十多年的班主任工作了，但对于这样敢于在课堂上与我针锋相对的孩子也是头一次遇到。脾气一向暴躁的我，强压住内心的怒火，冷冷地对他说："小李同学，你首先应该学习正确面对自己的错误。"他对我的反应显然是有点吃惊，也没再说什么。心绪逐渐平静后，我找到他。两人的独处让他的凌厉减弱了不少，我不禁庆幸自己没有当场爆发。对于我让他反思自己的错误，他开始是抗拒的，最后也还是很小声地承认了错误。我拍了拍他的肩膀，对他说："成为一个有担当的人，应该从正视自己的错误开始，恭喜你，你迈出了第一步。"他的反应并不明显，但随后向我行了个礼，离开了。后来，他再没出现过这种在人前与我针锋相对的情况。

因为经常被父亲留他一人在家，所以他渴望被关注的程度要明显高于班里的其他孩子，而他引起别人注意的方式也与众不同。刚刚重新融入集体，他兴奋且对于疯闹乐此不疲，但常常与其他人发生肢体碰撞之后，便倒地不起，痛苦难当。开始，我也随着他紧张并赶快联系家长，他妈妈也是放下一切马上来到学校，带他检查，结果常常是一切正常。再后来，无论是我还是他妈妈对他的如此反应虽不会大惊小怪但也从不敢掉以轻心，结果是我们双双被折磨得身心俱疲。因为考虑到孩子的特殊经历，我没有因为此事对他大声呵斥，反而对他更加关心。一次偶然交流，聊到此事，他对我吐露了心迹，这两年来，他一直跟父亲生活在一起，父亲生性暴躁，他犯错便免不了一顿打。这次回到母亲身边，又重新回到校园，他渴望得到更多的关注，也不是故意那样，就是觉得这样就会更多感受到我们对他的关爱。作为一个母亲，作为一名班主任，听了小李同学的这番话，我的心里很不是滋味。他强硬的外表下，是一颗需要别人更多呵护的脆弱心灵。他还告诉我，他从未跟任何家人以外的人提及他的父亲。那一刻，我感受到了他对我的信赖。

从那以后，他哪怕有小小的进步都会得到我的表扬和鼓励。后来我又发现，他停课在家期间，读了很多书，所以，我常常与他交流我们共同读过的书：《平凡的世界》《红楼梦》……在这样的交流中，我们彼此越来越了解，他对我也越来越信赖。更让我惊喜的是，我发现他越来越阳光。如今，他来到我的班里已经两年了，他早已从一个行事乖张、浑身戾气的男孩，成长为一个温暖阳光的少年。他的妈妈每次遇到我，总会真诚地对我表达感激，说孩子变了，说是我改变了这个孩子的人生轨迹。

作为一个老师，其实改变一个孩子也许就是不经意的一次决定，因为最开始

的不急躁，让我懂得慢下来与孩子交流，让我看到慢下来的惊人效果。班主任处理问题，也要适当运用"缓兵之计"，让老师和孩子在"缓"中得到沉淀，寻找到更好的更适合彼此的处理方式。当我们改变心态，等待着孩子慢慢长大的同时，也希望我们的老师们自己，慢慢来……

幸福的味道

长春市南关区曙光小学：董晓丹

陶行知先生曾说："爱是一种伟大的力量，没有爱就没有教育。"对啊，爱是教师的天性，从金子般的年华到日薄桑榆，有多少不知疲倦的跋涉者，留下一行行奋进的足迹。工作27年的我在教育生涯中，见证了孩子们点点滴滴的进步，让我更加感受到为师的快乐，品尝到幸福的味道。

"爱可以战胜一切"这句话一直鼓励我在困惑中前行。每个老师都会接触到一些非常个性的孩子，有些是因为性格问题，有些是因为家庭原因。在我27年的教学生涯中也遇到过这样的孩子。

因为班级的实际情况，对于一些特殊的孩子，我更喜欢接近他们，走进他们的心灵。在学习和生活上关心体贴他们，和他们进行亲密的思想交流，让他们真正感受到阳光普照，让他们每天都拥有温暖的阳光。小唐，一个可爱的小男孩。接班时，他学习成绩差，上课不听讲，老师讲什么他一无所知，上课乱走动，干扰其他同学听讲，下课就翻垃圾桶，我都不理解他在找什么，跟同学玩耍时，动手打同学。我开始时跟他讲道理，他好像听不懂我的话，继续沉浸在他的世界里。偶然一次我发现小唐在低头写着什么，我走过去一看，纸上工工整整地写着6行字：

董老师，我爱你。

你是我的知音，

你是我的朋友，

你走进我的心，

发现我的优点，

让我找到自信！

原来小唐在写童谣，童谣中句句都流露出对我的感谢之情。原来小唐是一个有才之人，文笔好；是一个有情感的人，知道感恩。瞬间，我被他感化，我要充分发挥他的优势，一定让他成为学校里的一颗新星。

接下来的日子，我总是和他聊天，一起创作童谣。他每次写完一首作品，都会拿来读给我听，我也会针对作品提出不足之处，并共同修改。我还把他写的所有作品加入美丽的图案，打印成册送给他，他总是爱不释手地翻看着，朗读着，同学们也是用美慕的眼神看着他。渐渐地，小唐更加自信了，在同学中威信非常高，还入选为班长。小唐变了，变得爱学习了，主动参加活动，上课认真听讲。我带了他整整四年，这四年他三次被评为三好学生，参加多次演讲比赛，担当四次升旗手，而且上学期期末考试数学免考，语文成绩也排在前三名。他的作品多次在《走向成年》杂志上发表。

在童谣的创作和诵读中，我发现小唐的优点，小唐也找到自信，大家见证了他的变化。看着他一天天的变化，我更是喜上眉梢，原来改变一个人并不难，只要方法得当，一定就会有收获。

在今后的工作中，我会继续用我发现美的眼睛去发现更多的美，让每个学生都能够自信、阳光，快乐成长，我也能享受到更多幸福的味道！

折翼天使在关爱中展翅飞翔

长春市南关区曙光小学：付延春

在长春市南关区曙光小学的校园里，有着这样一个看似平凡而又特别的女孩子。说她平凡是因为她和其他孩子一样，在这所小学里接受着义务教育，但她又很特别，因为这是一个坐在轮椅上的女孩子，或许折翼的天使注定要在生活与求学之路上付出比常人更多的艰辛。

这位女孩子的名字叫王馨瑶，是南关区曙光小学四年二班的一名学生。六岁以前她和其他孩子一样有着一个幸福的家庭、一个无忧无虑的童年，每天蹦蹦跳跳、跑来跑去，她最喜欢的事就是和小朋友们一起在操场的沙堆里玩沙子，建堡垒、砌长城……她聪明伶俐、活泼可爱，在家是全家的开心果，在校也深受老师和同学们的喜爱，在业余时间里还在父母的陪伴下学习画画、小提琴和舞蹈。她是父母引以为傲的宝贝，是父母生命的挚爱。但快乐的日子总是那样短暂，有些事就是那样的始料未及。

2008 年 11 月 8 日，她在课外舞蹈班学习，练习下腰动作时摔倒，20 分钟后，

便不能行走，于是在母亲和舞蹈老师的陪同下前往当地医院就医，当地医院医生经过检查后，告知应到上一级医院就医，于是到长春中日联谊医院住院医治，入院检查为外伤造成的脊髓损伤，双下肢截瘫，致使乳下五厘米冷热、痛、运动觉消失，伴随大小便障碍。2008年11月15日，转到北京解放军总医院神经外科医治，经检查医生确诊、专家会诊，为儿童无骨折脱位型脊髓损伤，损伤部位在胸椎6-9节之间。之后王馨瑶又相继到北京儿童医院、北京武警二院就医治疗。为了让孩子得到更好的治疗，2009年3月20日，在医生的建议下转到中国康复研究中心（北京博爱医院）脊柱脊髓损伤科，进行康复治疗、训练。王馨瑶在北京治疗期间，妈妈为了节省开销，就在医院的附近租下了一间地下室，方便孩子看病，供全家人有个栖息之所。然而高额的医疗费对这个只有微薄收入的家庭来说无疑是天文数字，不仅花光了家里的全部积蓄，还在亲友间不断举债。为了适龄接受教育，更为了减少在京高额的医疗生活费用，2010年7月14日，痛苦而无奈的父母带着王馨瑶回到了九台。

在九台期间，各个学校都把她拒之门外，求学之路难之又难。几经周折，长春市南关区曙光小学校长听说了这件事，她容纳百川，以一颗仁爱之心接收了这个特殊的孩子。入学后，王馨瑶在妈妈的帮助下，每天都坚持上学。她说她觉得自己能够上学、跟同学们在一起是一件快乐且幸运的事，她感激学校给予的特殊关照，感激校长、老师们对她的帮助。由于身体的原因，王馨瑶每天中午必须提前一节课回家，每次离开时她的目光都会注视着学校，一直到看不见了为止。回到家中的王馨瑶经历着常人看不到与想象不到的艰辛。她每天都需要妈妈定时为她导尿排便，躺在床上的她对胸下的一切行为都一无所知，这时她从不会问妈妈，而是拿起床头柜上的书认真地读起来，她读过《假如给我三天光明》《摇着轮椅上北大》《钢铁是怎样炼成的》……她说在书的世界里她是自由的，心灵是飞翔的。带上肢具练习站立时她会在爸爸为她搭的简易桌子上写作业，妈妈每次会告诉她自己记着带肢具的时间，而妈妈必须利用这个时间为她做饭，但她是那么认真，总是会站很久，就是为了能多锻炼一会儿。妈妈看在眼里疼在心里，因为站久了对瑶瑶的腿来说是一件很危险的事，除此以外，她每天还要进行三四个小时的康复训练，针灸、理疗、按摩、举哑铃……

记得一年级的时候，校长给我送来一个特殊的学生——那就是推着轮椅走进课堂学习的王馨瑶。看见她我被一种情绪打动了，这种场景也许只能在电视里出现，可是她却活生生地出现在我眼前，我被这种情绪所感染，我没有一丝的想法，存在于我头脑中的只是一个声音——那就是尽一切力量去帮助她、关爱她。但是我想得太简单了，这个孩子是一位高位截瘫的病人，她需要家人还有老师特殊的照顾，如果出现情况，家长必须随时走进课堂。针对孩子的这种情况，校长告诉我："你们班上课永远在一楼，不会换班、不会换楼层。"我欣然接受这个孩子，把她当成自己的孩子，时时处处去关心她、理解她。

每天我早早来到学校，看见她就跟她聊天，然而我发现，我竟然无法和她沟通，面对我的时候她总是自卑地低着头，逼急了就小声地说一句话，看见这种情况我跟她妈妈聊了聊，她妈妈告诉我，孩子出意外之前是一个开朗、活泼的女孩，自从出事后她完全不说话了，现在好多了，你跟她交流的时候她还能回答你，要在以前她是一句话也不会跟你说的。我看在眼里，急在心里。这个孩子完全生活在自己的世界里，不愿意接触任何人，这可怎么办呢？如何走进她的内心世界，成了我要挑战的第一个难题。

一天，我知道王馨瑶宝贝快过生日了，我想我应该给她准备一个非同寻常的礼物，让她尽快走出自己的天地，融入这个集体中，我就背着她告诉我们班的孩子："王馨瑶快过生日了，咱们每人准备一个小礼物送给她，然后再送她一句祝福的话。"这件事我跟王馨瑶妈妈商量了一下，我俩一拍即合，然后着手准备这件事情。

生日那天，王馨瑶妈妈准备了一个大蛋糕，其他孩子准备好多礼物，把教室装点得非常漂亮，这件事被校长知道了，赶紧告诉李俊波老师也准备礼物。生日party开始了，孩子们不由自主地唱起了生日歌纷纷祝福她："王馨瑶生日快乐，希望你早日康复！"此时此刻，她倾听着32个同学的心声，捧着32个人的祝福，捧着校长、老师们的祝福，激动得热泪盈眶，说不出话来。

从那天起，孩子有所转变，最起码她能主动跟我说一句话，上课也积极回答问题，但是说完后又开始沉默不语了，很显然她还背着许多负担。看到她这种情况我的心里沉甸甸的。等她走了后我就问我们班的孩子："王馨瑶这种情况，我们应该怎么做？"孩子们告诉我："老师，王馨瑶最需要的是朋友，她太孤单了，我们来做她的朋友。"看见孩子们天真的笑脸我非常欣慰，每次下课一帮同学来到王馨瑶身边跟她聊天，找她帮助解决作业中不懂的问题。渐渐地，这孩子变得开朗了，课间能带领一帮孩子学习。在她的带动下，我们班的学习氛围变得更加浓厚了。许多孩子都明白了这个道理，王馨瑶身体这样都能坚持学习，而作为一个身体健全的孩子怎能不积极向上呢？她上课认真听讲，课后用最短的时间完成当天作业，并做好新课的预习，以便留下充足的康复训练时间。就是在这艰难的求学路上，她的成

绩一直是班里最好的，班里的其他同学不觉中把她当成了小老师，有不明白的问题就问王馨瑶，她总是不厌其烦地帮助同学解答学习中的问题。在她的脸上永远都挂着笑容，这笑容里透着一股子坚强、自信，她就像一缕阳光出现在你面前，暖暖的，但你心中却总会荡起一阵辛酸。王馨瑶是不幸的，老天剥夺了她行走的权利，但她没有怨天尤人，没有自暴自弃。她总说自己是幸运的，她有挚爱她的父母，关心她的老师，喜欢她的同学，爱铸就了瑶瑶坚不可摧的意志。在学校里，她利用一切可以学习的时间如饥似渴地汲取知识。由于身体大部分没有知觉，她必须用双臂支撑着轮椅扶手，才能保持身体平衡，在写字的时候，她必须用左臂支撑着，右臂支在桌子上写字，身体严重扭曲变形，写的稍久一点，身体有知觉的部位就会酸痛难忍，可她总是咬牙忍着。

王馨瑶同学不但在学习上认真刻苦，积极要求进步，生活中也是一名尊敬师长、团结同学、阳光向上的好少年，在家中更是懂得尊敬长辈，孝敬父母。身体不便虽然不能分担家务，但是她的阳光向上、充满自信给了父母最大的安慰。她常说："我的身体是不自由的，但我的心灵是自由的，我要借助心灵的翅膀飞得更远更高！"每天爸爸上班前她都要和爸爸道别，睡前总要说晚安，在爸爸妈妈为她做康复训练时经常安慰父母，经常将看过的书讲给父母听。看到父母为自己劳累，她经常说："爸爸妈妈你们辛苦了！我一定会好好学习，像张海迪、郭辉一样成为坐在轮椅上的有用之人，帮助需要帮助的人。我一样会创造财富，让你们生活得更好！"听着孩子讲这些远大志向、感恩之言，父母经常会潸然泪下，就是这些暖暖的话语给了父母莫大的安慰和动力，决心与伤病抗争！

为了让她更健康地成长，我时时刻刻关注她的生活，时时刻刻关注她的学习。有时带我们班的学生到她家烧烤，到文化广场去放风筝。为了培养她的自信心，学校设计了王馨瑶的温馨家庭升旗仪式。为了感激学校和老师，2012 年王馨瑶家长在教师节来临前在我家小区挂上了"情难舍，恩难忘，以大地为纸，江河为墨，也写不尽对老师的感谢之情"的条幅，引来了新文化报记者。《新文化报》在 9 月 3 日、9 月 4 日连续两天报道了王馨瑶的有关情况。9 月 10 日教师节当天，吉视公共、吉林教育电视台分别播出了有关王馨瑶的新闻。学校的其他老师也都非常关注王馨瑶同学，经常对王馨瑶进行个别辅导。

校园是封闭式管理，为了方便照顾王馨瑶，学校允许王馨瑶的妈妈随时出入校园。学校每次组织活动都希望她参加，她也从不掉队，每次在条件允许的情况下都参加活动，学校从来不收取她的费用，2013 年上半年享受免费午餐的学生名单里也有王馨瑶的名字。2013 年 10 月，学校的新楼落成了，学校专门为王馨瑶同学铺设了坡路，并且在一楼为王馨瑶同学专门设计了残疾人专用厕所。2013 年 11 月 18 日，吉林都市频道播出对王馨瑶的采访，采访中，王馨瑶露出的笑容让人感到欣慰。学校还为王馨瑶妈妈提供了保洁工作，这样她既可以照顾孩子，又能有一些经济收入。

王馨瑶经常对父母说："爱就是力量。"这句话不仅表明孩子对健康和快乐的渴望，同时也激励和鼓舞着父母，他们对孩子战胜疾病有信心和决心。相信有爱就有希望，有爱就能感天撼地。

第六章

幸福管理

依据"育造福之能，做幸福之人"的幸福教育办学理念，利用生态的整体系统性和民主多元化的特征，学校将管理变革的核心聚焦于校园里的每一个生命的幸福发展的角度和外在需要的角度，理解并构建学校管理的新范式，形成了以人为本、主动参与的幸福管理基本理念与实践路径。

一、幸福管理的本质蕴涵

幸福管理作为落实生态教育理念的重要保障，在办学进程中有着举足轻重的指导作用，也是落实学校幸福教育理念和实现师生共同成长的基础和关键。

结合学校办学实际，通过全体教师的反复研讨，我们将幸福管理定义为：以幸福教育理念为指导，以让师生成为幸福之人为核心，有效整合和优化配置各种资源，完善各项管理制度，构建一个多元主体、民主参与、自然和谐，与幸福依赖的管理体系，促进学校幸福教育的有效实施和可持续发展。从本校实际来看，幸福管理具有以下几方面的特征。

1. 幸福管理是一种尊重生命的管理

学校管理的对象是生命，而生命之间是相互联系、相互依存的。幸福管理注重学校每一个生命的存在方式，同时更加注重生命之间的相互影响。

学校作为有目的地培养人的社会组织，其根本出发点和最终归宿都是为了人的全面可持续的发展，是经验的重组与改造，即人的价值的实现与提升。人是学校管理中最为重要的因素，这意味着，我们所采用的管理模式、管理体制机制、管理原则、管理方法等等都必须围绕这一根本的价值取向。在学校管理中，校长、教师、学生和家长都是学校中重要的组成部分，既是被管理者，同时也是管理者，必须有计划有组织地将其统一到学校管理中去，充分调动教师、学生、家长的积极性、主动性，以取得最大的管理效能。这样就必须对学校中各类人员的价值重新进行审视，充分尊重他们的主体性、参与性和创造性，尊重和服务于他们各自不同的发展需求与发展可能，为他们的不断成长提供宽松健康的环境。

尊重生命特别体现在尊重教师、理解教师、关心教师。作为学校管理工作的领导者，要尊重教师，善于调动他们的积极性。尊重教师，首先，要用平等的态度对待教师，用朋友的身份与教师交往。其次，注重尊重教师的个性。每个教师都有自己独特的个性。在他们做好本职工作的前提下，不用死板的条条框框去限制教师充满创造性的教学活动。作为校长，经常主动和教师交流，增进沟通和理解，拉近管理者与教师的距离。用爱心、关心、真心、诚心打造严谨有序、宽松和谐的教职工群体，使管理者和教师成为彼此信赖、相互尊重的知心朋友。教师承担着教书育人的重任，承受的心理压力也比较大。学校设身处地地替他们着想，多方关怀，减轻或转移他们的压力，让他们以较好的心理状态进行教育教学工作。例如每个月每人都有半天的"亲情假"，每个月都会开展各种各样的工会活动，跳大绳比赛、牡丹园赏花、采摘节、金秋徒步节等活动，都体现了对教师的尊重。

在尊重生命的前提下，让学校管理更加"暖心""贴心""走心"，让每个人都感到自己很重要。比如，一楼正厅悬挂的学生自制的灯笼、纸伞，每个师生的笑脸照片融汇一起的"笑脸墙"，班级走廊的文化墙，楼梯上的安全提示语，广播里的美文诵读……人人参与、人人有用的校园，令人心驰神往、流连忘返。校园诗词大会、汉字英雄争霸赛、教职工新年联欢会、徒步采摘节等，让校园里处处洋溢着幸福的味道。

2. 幸福管理是一种民主多元化的管理

幸福管理本身就是一种以实现生命内在意义为目标的管理，所以学校强调教师、学生、家长和社会广泛地参与，让每一个生命在参与学校管理的过程中实现自我价值和体会幸福人生的意义，与此同时，在学校发展的重要决策的过程中，来自家长教师以及社会的参与，又使得学校的管理更加全面科学。如学校每年一次的教职工代表大会，就充分体现了教师的民主参与。学校各项方案、制度的确立，

都会由教师大会讨论研究。再如,学校每年的少先队组织改选,学生自愿申报、演讲、答辩,充分发挥了学生的主动性和积极性。学校的校级家长委员会、班级家长委员会,每学期参与学校计划的制定和期末的总结,在了解学校发展建设的同时,成为学校管理的力量,为学校发展献计献策,提供可行性建议。

3. 幸福管理是合情合理的正确监督和引导组织成员不断提升的管理

学校管理无小事的事事育人、无闲人的人人育人、无盲区的处处育人、无闲时的时时育人,做到人人相关、事事相连、环环相扣、处处相应,其育人功能就一定会得到切实贯彻和落实。

在幸福管理的过程中,通过校级、班级家委会接受家长的监督,通过联防联控,接受街道、社区、公安等部门的监督指导,通过教职工代表大会等接受教师的监督。基于常态的、合情合理的监督过程,促进学校管理更加依法依规,更加尊重人的发展,更加体现关怀的意义。幸福管理的价值定位在于循着自然生态的视角,将管理变革的核心聚焦于校园里的每一个生命,从生命发展的内在价值和外在需要的角度理解并构建学校管理的新范式。

管理学大师罗宾斯认为,管理就是在"正确的时间和地点,正确得做事"。幸福管理不仅意味着对学校幸福文化的遵循与创生,更意味着把幸福文化作为不断改进管理的内核,强调学校中每一个人的主体性、参与性和创造性,将个人成长、发展与组织的成长与发展联系起来,建立共同的价值追求与发展目标,在分工与合作中实现卓越,同时也意味着学校可以依据自身的发展状况与发展规划,进行特色化建设。

幸福教育的根本和情感的纽带把教职员工和学校的追求紧紧联系在一起,使每个人产生归属感、荣誉感和眷恋感。在幸福管理中,尊重和信任每名师生员工,以师生员工的共同价值追求为尺度,最大限度地激发职工的积极性和创造性;并且通过管理对师生员工的行为形成无形的约束力,经过潜移默化形成一种群体规范和行为准则,以实现外部约束与自我约束的统一。

二、幸福教育管理体系

教育部 2017 年发布的《义务教育学校管理标准》中指出,学校管理的基本理念之一是"育人为本，全面发展"。其基本内容包括：保障学生平等权益、促进学生全面发展、引领教师专业进步、提升教育教学水平、营造和谐美丽环境、建设现代学校制度等6大管理职责、22项管理任务、88条具体内容。学校管理是学校对本校的教育、教学、科研、后勤和师生员工等各项工作进行计划、组织、协调和控制的活动。管理的主体和客体都是学校自身，即学校对自身的管理，区别于教育行政部门对学校进行的教育行政管理。学校通过管理，把各项工作及其组成要素结合起来，发挥整体功能，以实现其对学生的培养目标和各项工作目标，体现了以学校发展、育人为目的，与物质生产领域不同的特殊管理活动。

1. 组织结构

目前，中小学校管理的组织结构模式基本上从校长到普通教职员工，中间有副校长、中层处室主任、副主任、年级组长（或教研组长、备课组长）四五个层级，这些过多层级设置在一定程度上导致责权不明，政令不畅，工作重心上移或"体外循环"，相互推诿和扯皮现象增多，管理效率降低，效能低下。

根据幸福教育理念，学校建构了"一核心三层级四并行"的扁平化管理体系，"一核心"是以创建"办一所师生眷恋的幸福学校"为核心管理目标，践行"育造福之能，做幸福之人"的办学理念；"三层级"是学校的组织结构分为决策、管理、执行三级，决策层由校长和副书记、副校长组成，管理层由副书记、副校长、中层主任组成，执行层由年级组长、备课组长组成；"四并行"是以教师教育教学管理和学生管理、家长管理、社会协调管理为主要管理路径，促进师生的幸福成长。曙光小学幸福管理的目标定位为，通过幸福管理，形成基于合作融合竞争的学习氛围和促进每位师生自我发展和个性张扬的文化土壤，才有学校的可持续发展的动力和源泉。

2. 目标定位

幸福管理采用以人为本的文化管理，促进幸福导向的学校文化的形成。首先，推动幸福文化内涵建设，让幸福教育深入人心。学校以正式课程与潜在课程的形式影响师生的心灵、情感和行为，让幸福文化成为学校的灵魂，深深地植根于师生的思想意识和精神世界，指导和规范着师生的教育教学行为。其次，加强幸福校园建设，为师生创建优美环境。进一步规划和丰富校园建筑、教室环境、人文景观，打

造富有幸福文化特色的校园环境，以静态的校园景观展现幸福的文化内涵。最后，完善各项规章制度，为各项工作开展提供制度保障。即将幸福教育的理念制度化、规范化，将之转化为学校课程中科学合理、行之有效的学校条例、工作规程、行为规范和校风校纪等，从而引导和规约学校师生的价值信念和行为方式，形成富有学校特色的幸福文化。

学校管理的目标必须植根于学校教育教学活动之中，必须统筹学生、教师和学校的整体和谐发展，必须突出学生的自主发展、全面发展、和谐发展。根据学校"一核心三层级四并行"的管理体系，自下而上地逐级制定目标，确保"人人有事做，事事有人做"，最终形成上下贯通、左右呼应的目标网络链，提高学校的管理成效。在目标实施过程中，发挥出每个人的主动性和创造性，让每个人"有所为，有所不为"。校长不必事事躬亲，给予中层领导和教师更多的权利与责任，使学校运行更加井井有条。

3. 多元主体

学校管理的主体是校级领导、教师、学生、家长参与的共同体，缺一不可。校级领导分工明确，工作岗位职责明晰，尽量从"岗位不兼容"角度思考，实现权力制衡。学校管理中特别注重凸显教师的主体地位，发挥教师的主体作用，让教师在学校管理工作中有角色感和获得感，使学校管理更加民主、开放和包容。同时也要发挥学生的参与管理的作用，通过少先队组织、班级等促进学生积极参与。学校成立了学生的核心领导组织——"学生自主管理委员会"，统领整个学生的自主管理团队，让学生自主建设班级文化，自主策划和实施学生活动，自主管理社团。学校设置了值周班制度，班级中实施了小组合作制度，大大提高了学生的自主发展能力和人际交往能力。为调动家长参与学校管理的积极性，学校组建校级和班级家长委员会，促进家校共建，形成合力。在组建学校、家庭、社会教育合力的过程中，学校协调周边街道、社区、公安部门、食药监部门等，加强统筹管理。也正是基于多元主体的共同参与，学校建立了科学、完善的学校决策机制，党支部、行政、工会、家委会，明晰职责，互为制约、相互监督。

曙光小学"一核心三层级四并行"组织管理体系

办一所师生眷恋的幸福学校

党支部、校级行政班子

中层主任

| 教育管理 | 学生管理 | 家长管理 | 社会协调管理 |

| 工会 | 教研组 | 科研中心 | 教务中心 | 学科组 | 学生自主管理委员会 | 少先队 | 校级家委会 | 街道、社区 | 公安部门 | 食品监督 |

值周班　班级家委会

曙光小学组织管理体系

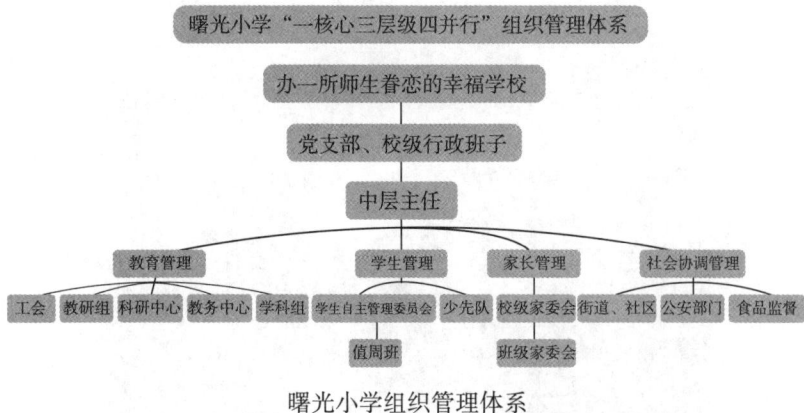

2019 年 4 月 1 日上午，曙光小学联合曙光路派出所、曙光街道岳阳社区、南关交警大队二中队、南关城建执法大队召开了曙光小学综合治理联席会议

2019 年 3 月 14 日，睿哲思心理联合创始人崔继红老师为家长做"网络伴我健康成长"主题讲座

家长会上，家长在进行经验分享

4. 管理过程

学校管理的基本环节是计划、执行、检查和反馈，彼此之间相互联系、相互制约、循序渐进而形成一个完整的系统。学校日常管理中，学校行政常备"四宝"，即备忘录、计划表（日程表）、流程图、检查本，并且在常规管理中推行网格管理模式，建立管理台账，节约管理成本，提高管理效率，生成管理自觉。

在管理环节和流程方面，学校不断完善，探索有效的管理措施，建立系统的现代学校管理制度，做到有理可依，有规可循，增强管理信任，以期将精细制度内化为"生命自觉"。如学校通过教职工大会、领导班子周例会、教师周例会、班主任周例会等落实过程管理，及时进行跟进和问题反馈。从整体上建立各类制度，规范办理流程，增强管理信任。如每年的职称评审，操作程序规范：广泛宣传职称评审政策 → 成立学校职称评审领导小组并公示 → 征求教师意见 → 职评领导小组草拟《教师职称评审方案（草案）》 → 学校支部委员会和校长办公会讨论《教师职称评审方案（草案）》 →职评领导小组讨论《教师职称评审方案（草案）》 →由教代会审议、通过《教师职称评审方案》 → 教师大会宣传《教师职称评审方案》和评审条件、公布区人社局、教育局核定的中、高级使用指标数 →教师个人申报、诚信承诺 → 职评领导小组初审申报资格 → 申报教师个人述职 → 民主测评→学校职评领导小组综合评议、考核量化排序 → 学校公示职评排序情况→上报推荐人员名单及材料。

学校非常重视教师管理，通过行政会、教师大会、校本研培等途径，促进教师获得发展的幸福。主要有以下几方面：

行政会促管理团队主动思考。行政会每周五下午一次例会，行政汇报分三个部分，要求简练高效，第一个 1/3 略谈上周常规工作，详谈总结反思；第二个 1/3 谈下周工作；第三个 1/3 谈问题和困惑，以及初步解决方案。

教师大会促教师团队主动学习。每周一下午的教师大会，既有"读书分享""身边好教师"，又有"时事政治""学校视界"等，既有思想引领，又能开阔视野；既有时事分析，又有人物榜样；既有工作布置，又能寓培于乐。

校本研培引教师个体主动发展。以"行走在幸福之路"为主题的教师专业发展"一二三"系列活动：即"一个拟定"，组织学校 50 岁以下的教师拟定一个专业化成长方案，制定出专业发展三年规划，建立教师个人成长档案；"两个继续"，继续做好骨干教师培养，继续搭建教师专业化成长平台；"三个引导"，引导教师加强培训学习，引导教师参与课题研究，引导教师优化课堂教学。通过传导式教研、主题式教研、引领式教研、参与式教研、分层式教研，促进了教师的专业成长。

5. 管理机制

协调机制。学校各项工作的开展，离不开有效的内外部沟通和协调。学校在建构幸福管理体系过程中，把完善协调机制作为一项非常重要的工作。在学校党支部和领导班子统筹领导下，各部门相互协调沟通，形成了有核心、有力量、有目标的具有极强凝聚力的集体。"一核心四并行三交叉"的管理体系，内部需要上下级之间、各部门之间的沟通配合，外部更需要协调街道、社区、公安等各个部门。如学校在实施"蓓蕾计划"课后免费看护活动中，积极协调南关区交警部门，在学校放学时段，派出警力，确保学生放学的交通安全。学校每年举行的"诗词大会"，需要同时有教师评委、家长评委参加，促进活动的有效开展。特别是 2020 年，新冠病毒肺炎疫情防控过程中，学校积极协调区教育局、区教师进修学校、区疾控中心、区卫生监督所等部门，积极做好物资准备、应急演练、线上教学等各项工作，为开学复课做好充分的准备。

激励机制。学校教育教学质量的不断提升，需要多元主体的共同努力，需要学校通过建立多元的激励机制，调动不同主体的积极性。如通过各项总结表彰会激励教师，让教师获得职业成就感，鼓励和支持教师外出参加培训和比赛。通过"四月四节"等各种特色主题活动，让学生在活动的参与和体验中，获得认可和激励。如金秋体育节中的班级跳大绳比赛、百花科技节中的科技作品展示等，都是学生们特别喜欢的活动，参加这些活动的过程让学生们收获了更多的幸福经历。家长层面，主要是让家长有更多的机会参与到学校管理、班级管理中。每学期末的家长会，都会邀请典型家长进行经验介绍，还有亲子联欢会，更会邀请有特长的家长参与到学

生社团活动课程中来。校级家委会经常参加学校的计划制定、重大事项研讨，为学校发展献计献策。

"踏上开往幸福的列车"

曙光小学首届"幸福日、幸福周"活动实施方案

一、活动目的：3月20日是国际幸福日。追求幸福是人的一项基本目标，幸福和福祉是全世界人类生活中的普遍目标和期望。为推进我校幸福教育思想，实现"办一所师生最眷恋的幸福学校"的目标，为师生创造体验幸福的途径，特组织开展曙光小学"幸福日、幸福周"的"五个一"活动。

二、活动口号："踏上开往幸福的列车"。

三、活动内容及具体过程

序号	内　容	时间	地点	过程
1	主题升旗仪式	周一	操场	1. 教师诗朗诵《面朝大海，春暖花开》 2. 学生朗诵 3. 学生宣读倡议书 4. 校长讲话
2	主题班会	周二	会议室班级	晒晒我的小幸福（教师和学生讲幸福感言、幸福瞬间、幸福故事）
3	晨诵暮诗诵读	周三	班级	集体或个人
4	无作业日	周四	班级	当天宣布
5	"幸福一家人"——我为家里或我为班级做件事	周五	家里班级	学生学会感恩和珍惜，为家里、为父母、为班级、为老师做一件力所能及的小事，表达自己的爱。

学校"幸福日、幸福周"活动方案

2019年3月，学校举行"幸福日、幸福周"系列活动，
图为三年一班召开"晒晒我的小幸福"主题班会

2019 年 5 月 30 日，学校举行"我展示·我分享·我幸福 迎'六一'炫彩艺术嘉年华"
主题活动。学生在文具、玩具、科技作品的交换分享中体验幸福

　　保障机制。主要是对教育教学各项活动和质量提升给予必要的制度保障、经费保障、物质保障和人员保障。这里主要呈现学校在制度保障方面的有效做法。

　　首先，重视建立"以人为本"的制度文化。学校各项管理制度出台需要明确师生的诉求，让师生参与制度的制定。只有如此，才能将学校的管理制度转化为师生的内心法则和外显行为。其次，重视挖掘学校制度的隐性课程功能。将学校制度建设作为隐性课程的一部分，重视发挥隐性课程的认识导向功能、情感陶冶功能、行为规范功能，从而使制度建设更好地为师生的发展服务。让学生在具体的活动情境中体验感悟，建立良好的道德情感，实现以无痕的管理规范学生的外显行为。最后，重视形成学校师生共同的价值追求。幸福管理最根本的是建立学校师生的共同的幸福价值观，无论是学校管理还是班级管理以及学生的自我管理，都要体现学校成员的整体精神和共同价值标准。

　　学校建立了多项人文制度，通过"校级领导接待日"、职工代表大会、亲情假、生日祝福等方式，让教师主动、积极参与学校管理，保障教师参议校务的权利。开展教师读书活动，评选"曙光最美读书人"等活动，让教师在读书中反思成长。为教师建立幸福档案，开展个体性、群体性、整体性的多层次校本培训活动。学校成立学生的核心领导组织学生少先队大队，统领整个学生的自主管理团队；学校设置了值周班制度，班级中实施了小组合作制度，大大提高了学生的自主发展能力和人际交往能力；还有幸福班级的建设，让学生自主建设班级文化，让每个班集体成为最有凝聚力的地方。

学校结合实际先后制定了"曙光小学教师学习制度""曙光小学教师培训制度""曙光小学教师专业发展规划""教师专业发展制度"等规章制度，建立幸福教师发展档案，积极推进，做到了让每位教师在学校的大方向指引下进行个人的专业成长。为了让学校的大楼与名师同步，学校在常规管理上注重文化自觉，营造积极向上的工作氛围，建立了校务公开制度、领导和教师一日值班制、师生一日常规、"三个一日"等现代学校制度，充分激活教师群体的主人责任与价值，建立了积极向上、乐于奉献、敢于担当的工作作风，形成了"'自由'在高处，'自在'在校园"的文化自觉。

学校每年年度财务预算中，会统筹考虑学校的管理成本，在安排好日常办公经费支出的基础上，安排教师培训、学生活动等各项经费。在每学期的人员安排上，会充分考虑人员校务分担的课时比重，确保每个人的岗位责任明晰落实。

三、幸福管理的案例与反思

教师是学校发展建设的核心与源泉，教师工作的积极性和主动参与性决定了教育教学的质量、成效，因此，学校高度重视教师的主体性，让教师在参与学校管理的过程中建立获得感和幸福感。为此，学校采取了多项举措，其中之一就是教师参与学校民主管理。下面就以此为例，呈现学校幸福管理的实践成效与反思。

教师参与学校民主管理的探索

一、缘起

2010 年颁布的《国家中长期教育改革和发展规划纲要（2010—2020 年）》中指出："优先发展教育，办好人民满意的教育，建设人力资源强国。"教育大计，教师为本。有好的教师，才有好的教育。教师虽然具有一定的社会地位，但是很多教师觉得工作得不到认可，有很强的职业倦怠。在学校管理中又往往处于被动地位，没有发挥主动性和创造性。因此，我们需要思考怎样改变师生在学校的生活方式，促进学校的稳步发展。这就需要进一步加强对教师的尊重，让教师更加喜欢学校，喜欢学生。

曙光小学在岗教师 48 人，平均年龄 46 岁。学校原来实施的是单一纵向管理，教师工作积极性不高。从教师年龄看，教师队伍老龄化现象严重，身体不好的教师比较多。教师工作量不大，但是工作效果不明显。学校实行的是校长负责制下的层级垂直管理，只把管理看成是领导的事，和教师无关，教师只是被动参与。忽视了教师的主观能动性与创造性的作用，忽视了教师的心理、感情、潜意识等因素对管理效果的影响，教师的主体地位没有得到充分体现。

二、学校管理"一日值班制"的实施过程

作为校长，同时也是带班领导，巡视班级或教研室时，发现老师是被动在接受这种检查，只是认为学校领导在监督老师做什么，老师也做给校长看。而且，新校长、新领导班子和教师之间并没有更多的情感沟通，教师对领导并不了解，也不会主动和领导沟通，更多时候只是在完成学校布置的任务。

就这一问题，校长带领中层以上领导和教师代表进行了多次讨论，为什么不让老师也加入到带班管理的队伍呢？经过反复讨论，决定在每天领导带班的基础上，建立教师一日值班制，让每位教师都能体验一日领导的滋味，更让老师成为学校管理的主人。

学校领导带班及教师一日值班制的要求是每天由两位中层以上领导和一位普通教师组成值班小组，每天管理和巡视教学常规及师德情况、卫生清扫情况、课间纪律情况、学生学习及活动情况、安全隐患排查、学校当日重要记事、师生好人好事等，形成《曙光小学领导带班及教师一日值班制记录单》，标清值班时间、带班领导、值班教师、值宿教师，每天记录八个方面的内容，并将每天记录情况于第二天在学校公示板和网站上进行公示，第二天师生都可以清楚地看到各项情况的记录和总结。每周进行总结，做到日日清，周周结。校长每天检查记录情况，并及时写下校长建议。同时，为了提高教师的反思意识和责任意识，使用《曙光小学教师一日值班制反馈单》，让当日值班教师从教学常规情况、学生纪律卫生方面、学校特色活动、学校安全工作等方面进行评价，留下值班建议和值班感悟。

教师在一日值班的反馈单中说：

"一日值班制，搭建了教师展示自我，实现自我价值的平台。在检查督促别人的同时，反省自己工作中存在的问题及不足。

"通过一天的值班，了解了自己以前不注意的事项，比如电源、电灯及时关闭，提高了安全意识。

"学校现在每天都有新的变化，早上师生间亲切的问候，提高了学生文明的程度。

"一天下来，楼上楼下的奔波很累。从今天起，要把自己放在学校主人的位置，凡事无论大小，都主动去管理，为学校发展出一份力！

"学生上下课非常有序，楼内基本没有声音，纪律很好，教学秩序井然。各班能及时打扫卫生，课间均有学生巡视分担区卫生，保持不错。早晨7:20学校竖

笛特色队训练，学生到校情况良好。教师能够早晚巡视学校安全，做到有安全隐患可以及时发现。值班建议：虽然各班学生都能按时清扫卫生，但是有些孩子缺乏劳动方法指导，希望班主任及带班老师可以加以指导，提高孩子打扫卫生的效率。

"今天是新生家长取入学通知书的日子，学校的纪律卫生，教学常规都能按要求做好。尤其是学生对待客人有礼有节，文明礼貌已经逐渐成为孩子们的一种习惯，希望我们一直坚持下去。

"学校特别重视安全工作，保安人员安全设备配备齐全。领导、保安、值班教师认真负责，将安全隐患消灭在萌芽之中。

"教师值班一日相当于当了一日领导，换角色能从领导角度去考虑分析问题，对学校的工作有更多理解。

"学校工作，看似都是小事，但是每一件小事都做好非常不容易。学校的各个方面都在整体进步，我们已经逐步打造出了一个特色的优质校园。

"一天的值班工作，让我看到了学校各个环节井然有序，每一位老师都在自己的岗位上尽职尽责。让我特别感动的是，我们的领导早晨在学校门口迎接每一个孩子的到来，微笑着对每一个孩子说：'早上好'！美好的一天，从美丽的问候开始。

"教师能按部就班上课，背诵古诗词点燃了全校学生的兴趣，掀起了又一个学习的小高潮，学生乐于、主动参与其中。学生的古诗词背诵和对幸福教育的践行都踏实有效，各位领导和教师真是辛苦。学校今天的安全疏散演练速度提高很多，学生对待演练的态度端正许多，安全意识也增强了。学生的实践能力、自律能力有待我们全校师生的共同努力，我们要努力为学生创设环境，环境熏陶真的很重要。

"值班这天，正值学校秋季趣味亲子运动会，全体师生以及家长齐聚校园。并不宽敞的操场无论从会场秩序到进行过程都井然有序，热闹非凡中不乏规则。顺利、热烈以及紧张的赛事，体现了全体师生的合作、竞争、团结。幸福感在那一刻油然提升。会后操场一片纸屑杂物全无，令人惊讶之余也彰显出曙光小学从领导到教师到每一位同学的主人翁精神。

"学校领导的以身作则，率先垂范，早早到校，最后离开，并向每位到校的师生问好，值得学习！学校各项制度有序执行，领导教师互相关心、爱护，让我感受到集体的温暖和力量，生活在这样的集体里，我非常幸福。

"把你摆在这个位置上了，你才会站在这个位置上去思考问题。教师值班制正是给老师们提供了这样的一个平台，增强老师们的主人翁意识。学校是我家，我们都爱她，何愁学校不能绽放出炫目的光芒呢？"

整理教师的反思单，我们的发现和收获很多，主要有：

第一，教师通过参加管理了解了学校每天的大事小情和发展状况；第二，教师通过参加管理增加了对学校领导的理解；第三，教师通过参加管理增加了对学校的感情，能够向着学校愿景共同努力；第四，教师通过参加管理提出了很多合理化建议，促进学校的更快发展；第五，教师通过参加管理增加了同事间的情感沟通；第六，教师通过参加管理增强了主人翁精神和促进学校发展的责任感。

三、教师"一日值班制"的实施效果

1. 建立了平等、和谐的人际关系。一方面，学校管理者充分树立起以教师发展为本的理念，更加尊重教师个体，建立起更多公开、公平的管理制度；另一方面，教师也更加了解到管理者工作的辛苦，对管理者有了更多的理解与尊重，对学校各项工作的落实更加认真对待。教师和领导之间建立起良好的人际关系，更加亲密，更像伙伴，像朋友，彼此间更加关心，更加支持。

2. 为学校实施民主管理奠定了基础。在实施"一日值班制"的基础上，学校相继在绩效工资、职称评聘方面放权，全部由教师充分讨论制定，满足了教师的需求，缓解了矛盾。学校领导的共识是，学校的事就是教师的事，教师的事要让教师参与，从民主再到集中。例如，在教师职称评聘的敏感问题上，曾经出现过教师不满的情况，领导和教师间有明显的矛盾冲突，教师往往从个人角度出发，当个人利益受到影响时，就会引发矛盾。但是，学校将方案的制定权下放到教师群体中，由教师分成学年组进行讨论，很多个人的想法在组内就会被其他老师化解。层层讨论制定的方案，充分考虑了全体教师的意愿，得到教师的认可，既缓解了干群矛盾，又让每个教师都能参与其中，为学校实施民主管理奠定了良好的基础。

3. 建立了自主、向上的教师团队。通过经常参加学校管理，密切了教师间的关系，团队关系更加密切。教师之间更加尊重和支持，相互之间的了解更加深入。团队间良好的情感沟通促进了学校愿景的顺利实施。

四、教师"一日值班制"的分析与反思

美国心理学家A.H马斯洛提出的"人本主义"理论充分肯定人的尊严和价值，积极倡导人的潜能的实现。他提出的"需要层次论"指出尊重的需要和自我实现的需要是人发展的高级需要。美国的行为科学家弗雷德里克·赫茨伯格提出的"双因素激励理论"指出，那些能满足个人自我实现需要的因素，包括赏识、挑战性的工作、增加的工作责任等，能对人产生更大的激励。校长是学校教育的践行者，在很大程度上，校长对教育的理解决定了这所学校教育的样式。如果在教师管理上，校长能关心关注每一位教师，充分投入情感关怀，从日常学校管理的改革入手，充分发挥人的因素，就一定能提高管理的效能。作为校长，更需要将"以人为本"的思想需

要贯彻学校管理的各个流程和细节，实现"教育的双主体"思想。

一是体现了从封闭管理向"开放管理"的观念转变。传统的学校管理是一种封闭守旧、意识落后、手段单一的管理，严重束缚了人们的创新精神和能力。因此，新的时代需要教育者树立开放的管理理念，变"堵"为"疏"，变封闭管理为开放管理。传统的强制管理，严重压抑着师生的个性发展，不能调动师生的积极性。服务管理不仅要求管理者为师生提供良好的环境和设施，更要创设和谐的氛围，树立以人为本的理念，营造相互激励、教学相长的良好氛围。

二是营造民主和谐的管理文化。学校制度设置是否人性化，是不是充满了温暖和关爱，会影响到每一个教师对于学校生活的感受即对于幸福的感受。教师需要的不仅仅是关爱，更需要在学校有自己的话语权，他们的意见与建议是受到学校尊重的。营造一个民主和谐的管理环境是发挥教师主体作用的有效途径。因此，学校管理中需要顺应时代发展的要求，将人的管理放在首位。

三是教师参与管理的过程也是体验和创造教育幸福的过程。教师参与管理正是被尊重、被认可的过程，也是体验教育幸福的过程，也才能够为孩子们的幸福成长创造更多空间。

《易经·泰卦》中讲道："天地交而万物通也，上下交而其志同也。"意思是天地交泰，就会降下甘霖，滋润万物蓬勃生长，赋予人类赖以生存和繁育的一切。这告诉我们，只有上下沟通，才能达到目标，才能和谐。学校各项管理都需要教师的参与，人的积极性调动起来了，各项事情也就解决了，学校的目标才能实现。

"从教师参与学校民主管理的探索"这一案例不难看出，曙光小学的幸福教育管理理念体现了关怀人、尊重人、发展人，把师生、家长对幸福的获得感作为学校管理的目标。从实践探索来看，幸福管理实践实现了"三个改进"。

一是组织结构上的改进：从"金字塔"到扁平化。学校采用的"三级交叉扁平化"组织结构，减少了中层管理部门和行政职位的数量，从而使上下级关系更加密切。缩短上下层级之间交流的距离，加强学校管理者、教师、学生之间沟通的便捷性，不仅提高了学校下达管理信息的速度，而且管理者能够全面收集师生的需求信息。提高了被管理者的自主性和积极性，使更多的教师和学生能够制定并践行符合自身发展需求的目标，促进教师教学和研究的自主化，并激发学生的创新意识和创新能力。

例如，在2020年新型冠状病毒疫情防控期间，所有工作的落实都是对学校组织机构运行是否顺畅、有效的考验。校长通过视频会议，与副校长、中层领导研究部署具体工作，落实人员分工，将宣传教育、体温排查、预案制定等工作分项落实下去。再由相关负责人布置给教研室组长、班主任，落实到每个教师、每个学生。特别是在落实"停课不停学"的工作中，校长带领分管副校长和教学主任研究制定"停课不停学"工作计划、课程表，再由学科组长带领学科教师研究制定学科教学计划，既有自上而下的统筹，更有自下而上的自主。在"云学习"期间，充分考虑学生线上学习可能遇到的问题、教师线上授课的困难等，让教师更好地助力学生成长，并在此过程中锻炼和提升教师的教学水平以及综合能力。这次延期开学，教师有了施展拳脚的机会，他们一边感叹"比上班还累"，一边却拿出了前所未有的热情与智慧。每一个教师都在尽力唤起学生对自己所教学科的兴趣，使他们酷爱这门学科。这些学科就好像一个个水滴汇合成学校的研究氛围，落在学生身上就是他们的全面成长。如同苏霍姆林斯基所说："儿童不仅应当为日后的学习做准备，还应当过一种丰富的精神生活，而不只是为明天掌握知识做准备。"所以，疫情迫使我们全面改进教学方式，空中课堂、网上直播、QQ 群联络、微信群授课、网络学习空间与线下实践活动进行配合。在这个过程中，我们发现了更多的多彩，对于儿童本位有了更加深刻的认识。

在这个过程中，我们也特别重视家校间的沟通。在没开始线上教学前，先进行了问卷调查，了解学生的家庭环境、家长的时间安排等，为有困难的学生提供帮助和心理咨询。

疫情是危机也是契机。我们要守住教育本质，因势而变，不断提升接受变革考验的能力，主动成长和发展。

二是运行机制的改进：从僵硬化到弹性化。在幸福教育管理理念下，规章制度不再是学校管理工作的唯一准则。为了更好地满足师生的发展需求，学校管理运行机制逐渐从僵硬化的制度管理转向弹性化的项目管理，以提高管理服务质量。学校管理者能够突破传统的组织制度及部门机构的限制，形成临时性的团队组织，以群体协作的方式快速、灵活地应对突发性或专项性的工作任务，提高学习组织管理的实效，为完善学校管理工作、提供人性化服务等奠定组织基础。例如，从常规化团队到临时性团队的组建。常规化团队是教研室，负责完成学校的日常性工作。临时性团队是结合突发性的工作任务需求，将学校内不同部门的人员集中到一个新的团队组织中合力完成相关工作，并在任务目标完成后解散。这种管理机制以项目而非制度组织团队，具有团队规模适中、任务目标明确、角色分工合理等优势，不仅能够提高组织成员在工作中的自主性和积极性，而且有利于组织功能的多元化发展，将固定的组织管理转化为灵活的组织管理，满足不同类型教师和学生的发展需求，促进服务型学校管理的实现。如我校网络学习管理团队，共 5 人，就是根据

学校信息化建设项目的需要，从每个教研室推选出信息技术能力比较强的教师任组长，组成管理团队，负责本组教师的培训、常态落实、作品提交等工作任务，使学校网络学习空间建设方面取得了突出成绩。

三是管理方式的改进：从经验化到专业化。在传统的学校管理模式下，管理人员往往根据学校规章制度和管理者自身的知识、经验制定决策目标和方案，忽视对师生需求的调查研究和定量分析，导致管理工作不符合学校的实际情况，降低了管理实效。而幸福教育管理以提供优质教育服务为主要目标，注重管理实效的提升。改变遵循规章制度和个人经验而开展学校管理的做法，提高了管理的灵活性和专业性。学校通过转变工作过程中的管理理念、处事方式等，提高教育服务的人性化程度，为师生成长和发展提供良好的条件。

总之，幸福是人的幸福。幸福教育既要符合"人"的规定，又要符合幸福的规定，充分尊重人的自然性、社会性、道德性和实践性，在学校里通过建立公开、公平、正义、民主的管理制度，创新文件环境，革新管理理念和方法，使教育不仅成为人的幸福之旅，更是培育创造幸福的人的过程，使学校不仅成为师生生活的场所，更成为师生眷恋的精神家园。

第七章

办学成效

一、荣誉成果

近几年，在幸福教育理念的引领下，学校凝心聚力，乘势而上，实现了从普通学校到优质学校的华丽转身，从 2013 年到 2019 年，先后获得了 50 余项荣誉成果。

2013 年，学校先后获得长春市新优质学校、长春市语言文字规范化示范校、长春市南关区精神文明先进单位、南关区中小学电子交互设备课堂教学应用大赛优秀组织单位；2014 年，学校先后获得"津宝杯"第二届全国行进打击乐大赛团体银奖、南关区中小学"奏响中国梦"首届小器乐比赛一等奖、南关区第一届小学英语节最佳风采奖；2015 年，学校先后获得全国中小学 NOC 信息化教育实验学校、吉林省国防科技体育先进单位、吉林省语言文字规范化示范校、长春市精神文明建设工作先进单位、长春市少先队红旗大队称号、上海国际青少年短道速滑公开赛道德风尚奖、南关区"享受阅读 快乐童年少儿绘本阅读展示活动"最佳表演奖、南关区推进"八字"道德教育培育和践行社会主义核心价值观校园剧二等奖；2016 年，学校先后获得全国软式棒垒球实验学校、吉林省体育传统项目学校、吉林省生命与安全教育百佳文化建设校、吉林省教育资源公共服务平台学校网络空间评比一等奖、长春市少年儿童经典诵读比赛优秀表演奖、长春市小学英语短剧配音大赛二等奖、南关区平安校园创建优秀组织奖、南关区"唱响中国梦"中小学器乐大赛一等奖、南关区中小学生信息技术应用能力大赛优秀组织单位、南关区中小学"一师一优课 一课一名师"优秀组织奖；2017年，学校先后获得长春市平安校园示范校、社会主义核心价值观筑梦小主人基地校、长春市第八届"童鑫杯"中小学生陆海空模型竞赛优秀组织单位、长春市第八届"童鑫杯"中小学生陆海空模型竞赛小学组团体二等奖、德育科研工作先进实验学校、长春市中小学生第九届"童鑫杯"陆海空模型竞赛优秀组织奖、南关区"生态教育理念下区域学校改进项目"实验校、南关区第二届小学英语节最佳表演奖、南关区小器乐比赛特等奖；2018年，学校先后获得全国旱地冰球实验学校、吉林省体育传统项目学校、长春市学校文化建设示范校、2018津宝第四届国际音乐节暨第三届津宝行进艺术大赛获行进管乐团体银奖、社会主义核心价值观筑梦小主人示范校、长春市青少年学生"法治征文"评比活动优秀组织单位、南关区"一师一优课 一课一名师"优秀组织单位、南关区器乐大赛行进打击乐赛项一等奖、竖笛演奏二等奖、南关区中小学器乐比赛一等奖、南关区首届中小学生地板冰壶比赛优秀组织单位、南关区中小学小主持人大赛优秀组织单位、南关区首届中小学生雪地球比赛优秀组织单位；2019年，学校先后获得2018年网络学习空间应用普及活动优秀学校（教育部办公厅）、2019年"网络学习空间人人通"专项培训基地学校、南关区"一师一优课 一课一名师"先进单位、长春市文明校园、长春市教师专业发展型学校示范校、南关区微信平台优秀单位、南关区首届小学英语趣味配音大赛一等奖。

"十三五"以来，学校共承担各级科研课题18项，其中包含中国教育学会规划课题"生态课堂理念下互动合作教学模式研究"和教育部数字化学习支撑技术工程研究中心重点课题"数字化校园建设助力学校现代化发展研究"等国家级课题6项，吉林省教育科学院基础教育研究所专项课题"学校特色文化与人文精神研究"和吉林省教育学会重点课题"信息技术与学科教学深度融合的实践研究"和"实施'幸福教育'学校特色发展的研究"等省级课题11项，市级课题1项。截至2020年3月，已有"实施'幸福教育'学校特色发展的研究""童谣传诵促进未成年人思想道德教育的研究""在数字化校园环境中建立信息化学习环境的研究"等11项课题顺利结题，吉林省教育厅规划课题"实施'幸福教育'学校特色发展的研究"、吉林省教育科学研究领导小组课题"生态教育理念下的幸福教育实践研究"等7项课题正在研究当中。教师累计参与课题人数达到150余人次，刘巍、曲浩源等16位教师个人立项吉林省教育科学院生命与安全教育研究中心的课题，均已顺利结题。刘岩、李杰两位老师获得省科研骨干教师荣誉称号。

二、理论成果

通过 "南关区区域生态教育学校改进项目" 实验校的研究总结，学校的 "幸福教育" 办学思想体系更加丰厚和完善。在幸福文化、幸福课程、幸福教学、幸福教师、幸福学生、幸福管理六个方面形成了鲜明的特色。曙光小学的 "幸福教育" 是一种生命性教育，在于促进人的生命样态的美好成长，是一种生态性教育，尊重人的自然发展规律，是一种持续性教育，指向人的终身发展。

1. 幸福教育思想文化建构

一是进一步明确幸福教育的目标是让师生察知幸福、追求幸福、体验幸福。察知幸福，是要师生树立正确的幸福观，追求幸福是培养师生的幸福能力，体验幸福是形成幸福品质。

二是进一步明确学校办学宗旨是办一所师生眷恋的幸福学校。一所幸福的学校，就像一个幸福的大家庭，让教师、学生、家长彼此相亲相爱，荣辱与共。在彼此的关怀中享受温暖，在共同的经历中深深眷恋，在共同的奋斗中收获幸福。

三是进一步明确了育人目标是尊重天性、发展个性。教育精神是至善至美、追求幸福。还有学校的 "三风一训"、文化表达等方面的内容。

一所幸福的学校像一棵枝繁叶茂的大树，温暖、舒展，给师生自然的状态和幸福成长的空间，让师生每一天过着幸福的日子就是学校幸福文化的样子。

2019 年 5 月 30 日，学校举行 "我展示・我分享・我幸福 迎 '六一' 炫彩艺术嘉年华" 主题活动。图为学生用纸壳自制环保外衣

2018年，学校举行"践行社会主义核心价值观 诗书礼乐浸润幸福童年"文艺汇演。
图为学校竖笛社团表演

营造教师节的浓厚氛围

2.幸福课程体系建构

依据学校"育造福之能，做幸福之人"的幸福教育办学理念，形成了学校"太阳花"课程体系及"太阳花"课程图谱，进行了国家课程、地方课程、校本课程三

级课程的建构。学校校本课程包含传统文化、阅读悦心、主题德育、科学探究、艺术活动、安全自护、体育赛事、走进社区、法制教育、环保教育十大领域。特别是走进社区的"三园一校"课程、"一班一品"的班本课程等，体现了课程丰富的多元性，为国家"双减"政策的落实和课堂教学改革开辟了新的路径。

3. 幸福教学模式建构

幸福课堂是生命的课堂、生态的课堂、生活的课堂、生长的课堂。以"情"为核心的"情境体验、情理交融、情智协同、情意共生"的幸福课堂，让学生在美与智的融合中形成健康的个性和健全的人格。情境体验是课堂教学的逻辑起点，情理交融体现了学习过程中思维的发展，情智协同是教学的目标，情意共生体现了课堂教学的升华，使课堂教学成为落实立德树人的关键环节。

4. 幸福教师幸福发展

教师的发展是学校教育高质量发展的核心。"国之将兴必贵师而重傅"，建立共同发展、相互支持的师生关系，也是教师职业幸福，乃至于人生幸福的构成。曙光小学作为区属普通小学，师资有限，专业水平有限，结合学校年轻教师少、教师年龄普遍偏大的实际，把培养"儒雅、仁爱、勤谨、博学"的幸福教师作为发展目标，从顶层设计出发，为教师个体和群体成长规划了进步的阶梯。将教师分为一个发展梯队、一个目标梯队，形成了以老年教师为推力，年轻教师为基础，中青年教师为中坚的发展梯队，从普通教师到骨干教师和卓越教师的目标梯队。让教师们朝着更高的目标努力，"你追我赶""争先创优"，在奋斗的过程中，收获成长的幸福。在教师成长中，学校提供多元支持平台，带领他们走向更高奖台。教师在关怀与支持、共享与合作、引领与推动中快乐成长，收获教师职业独特的价值感与成就感，成为具有曙光文化意蕴的幸福教师！

5. 幸福学生幸福成长

学校把"五有"作为学生培养目标，激发和唤醒学生内在的人生追求，使学生获得生命自觉，让学生用自己的力量成长，用自己的意志战胜挫折，即以德为根，用核心价值观为指导；以生为本，让学生用自己的力量成长。形成了幸福德育"1413"体系，第一个"1"是形成学校德育管理网络，建立以分管校长→德育主任→少先队→各班主任（辅导员）→（班）队干部为主的德育管理网络。"4"是抓好学校德育管理 4 支队伍，即中层队伍、教师队伍、小干部队伍、家长队伍。第二个"1"是形成一个"幸福学生"评价体系，促进德育工作可持续发展。"3"是拓宽育人途径，增加德育工作的实效性，体现环境育人、活动育人、课程育人等。

6. 幸福管理幸福味道

一所学校的整体管理水平是现代学校管理措施的综合反映，其水平质量如何，直接影响着学校的未来发展。曙光小学在学校管理过程中，切实改变了只讲制度与原则的管理问题，凸显了"以人为本"的管理特质，创建了良好的人文环境，达到更有效的管理境界。幸福管理体现出"一核心三层级四并行"的扁平化管理体系，使学校建立了凝聚型共同体，形成了温暖幸福的家园。在幸福管理实践中，充分发挥管理层、教师、学生三方的合力，充分体现其中每个人的作用，切实发挥学校每个人的光和热。从尊重学生主体地位、革新学校管理制度、强化师资队伍建设等几个方面入手，达到了学校管理人本化，家校育人协同化，教师队伍专业化，教学管理精细化，实践活动特色化，学生发展全面化，使育人环境不断革新，办学效益显著增强。

7. 云上幸福特色彰显

随着互联网时代和信息时代的到来，个性化、终身化学习成为这个时代最显著的特征。曙光小学以全新的"幸福教育"理念为引领，推进"互联网+"行动，积极深入推进网络学习空间建设，把信息化与学校发展紧密结合起来，用技术支撑学校发展，用技术引领学校发展，使学校更加特色鲜明，生机勃勃。

2018 年 6 月 20 日，主题为"重构学习生态 改进教学方式"的南关区中小学信息技术应用展示活动暨曙光小学网络学习空间应用现场会在曙光小学举行。来自延边、图们、珲春、公主岭、长春等地区近 200 人参加了会议，对曙光小学在网络学习空间的深入应用表示高度称赞，多家媒体进行了报道。在延边州教育资源公共服务平台县市培训团队培训会、吉林省"一师一优课 一课一名师"活动专家巡回指导（公主岭站）等培训中，朱辉校长、李杰老师向省内学校进行成果汇报与经验辐射。 2019 年，曙光小学以城市普通学校名义被教育部评为"2018 年度网络学习空间应用普及活动优秀学校"和全国中小学校长、骨干教师"网络学习空间人人通"专项培训基地学校。学校的网络学习空间应用案例和课例在国家教育资源服务平台上进行展播。

2019 年 10 月 11 日，曙光小学迎接教育部科技司、中央电教馆"网络学习空间人人通"专项培训基地学校实地调研

2019 年 12 月 5 日，曙光小学承办教育部——全国中小学教师"网络学习空间人人通"专项培训

第一，用理念的力量，引领"网络学习空间人人通"启动应用。

教育部发布的《网络学习空间建设与应用指南》中明确指出网络学习空间的

内涵与目标，即重构学习环境、优化资源供给、变革教学模式、重塑评价方式、提升治理水平，这就要求我们将网络学习空间应用纳入学校发展整体发展规划，融入教育教学全过程，构建生态化的学习环境。

网络学习空间建设与应用对于城市里的普通学校——曙光小学而言，是挑战，更是考验。教师平均年龄 46 岁，30 岁以下年轻教师只有 4 人，面对这样的困难，学校以幸福教育理念为引领，通过建立组织团队、改善物质环境、明确考核制度等，为网络空间的建设运行提供充分保障，突破困境，走出一条"互联网＋教育"的创新发展之路。

在中国特色社会主义新时代，人民对美好生活的向往就是对幸福的渴求与期盼。我们倡导的幸福教育就是要培养师生具有仁爱、互爱的情怀，爱自己，爱他人，爱社会，爱国家，具有爱与被爱、珍惜幸福、享受幸福和创造幸福的能力。学校的初心就是为师生谋幸福，让家长放心，让社会满意。学校是幸福的乐园，是师生最喜爱的场所，是深情眷恋的精神家园，在这里共同体验幸福、感恩幸福和创造幸福。因此我们的办学目标是"办一所师生眷恋的幸福学校"，为广大师生提供一个基于可持续发展生态意义的校园生活背景，实现学生全面、个性和可持续发展。网络学习空间的应用，为幸福教育的开展提供了更多的可能性。从物理空间到虚拟空间，与学校办学理念相融合，促进学校整体发展规划和办学目标的实现；从现实生活交际到网络学习空间互动，师生收获和体验着云端分享的幸福。网络学习空间与教育教学过程的融合，为新时代的人才培养提供了无限可能。网络空间应用与学校"太阳花幸福课程"建设相融合，进一步丰富教学资源供给；与课堂教学改革相融合，促进教与学方式的变革，这也是网络学习空间应用的核心。

网络学习空间的应用普及在于校长的引领，体现落实校长的责任。校长也有自己的网络空间，在教师网络学习空间建设初期，自己亲自检查，亲自总结，亲自落实，亲自参与。校长的重视、引领与示范是完成空间建设最大的影响力。

目前学校网络空间数字课程资源丰富，学校幸福教育办学理念更加凸显，师生空间更是多姿多彩，展现了互联网时代学生自然和谐、自主发展的教育新生态，创建了家校共建的新方式。

回望几年来的实践，我们深刻感受着网络学习人人通空间的魅力所在，感受着信息技术应用发展、融合创新带给我们的改变，感受着理念引领下学校的优质发展。网络学习空间促进了学校全面育人与管理的深度融合，促进了教师信息素养的显著提升，使学校优质教育资源和特色资源更加开放，让孩子们的个性更加张扬。

翻转课堂学习、项目式学习、主题课程学习，让学生的学习更加多元、自主。

截至 2019 年 11 月 27 日，师生空间数据总值为：文章数 56 758，照片数 229 001，评论数 63 382，动态数 142 537，总登录次数 743 567，空间访问量 144 210，在吉林省教育资源公共服务平台空间应用大数据统计中名列前茅。

第二，用行动的勇气，网络学习人人通空间全面应用。

做好物质建设，是学校推进行动的保障。近三年（截至 2019 年）学校先后投入 50 余万元用于信息化建设，实现宽带接入、网络终端覆盖，配备了录播教室、便携式录播系统、采编仪等设备，教师每人一台一体机，教室和功能室都配有电子白板、实物展示台，实现班班多媒体，室室通网络，实现了教师备课电子化、学校信息传送无纸化、教学资源网络化和学校宣传、学生综合素质评价、学生学籍、安全工作管理数字化。

做好教师培训，是学校推进行动的关键。近三年（截至 2019 年）学校派教师参加信息化培训投入 10 万元，参加人数占全体教师的 59%。学校采取校本研修与校外培训相结合，强化教师信息技术应用能力提升，把网络空间应用纳入学校教育教学工作考核指标之一。线上依托中国教师研修网、省市资源公共服务平台进行网络研修。线下开展丰富的校本研修，针对教师年龄偏大的问题，将全校教师分成 5 个学习小组，化整为零，通过在线网络备课、课题研讨、资源共享、教师个人空间的建立等，让教师获得信息技术应用的幸福感和成就感。教师年龄大，学不会，就采用团队协作学习制，5 个团队、5 个首席导师，通过线上线下混合研修，突破学习障碍；推进慢，质量低，就实施典型引领制，激励教师一个比一个做得好；教师不重视，行动迟缓，就利用网络空间后台大数据，检查教师空间情况。开始时校长还是采用纸笔记录教师空间数据，需要一个一个打开教师空间查看，把查看情况及时进行总结。后来才学会用后台大数据查看分析。校长的重视、亲身管理和参与，是做好这件事的关键，是对教师最大的影响，更是教师获得幸福感的力量来源。在连续五年的"全国小学信息技术与教学融合优质课大赛"和"全国中小学 NOC 信息技术创新与实践活动"中，获得 1 个创新大奖、11 个一等奖、4 个二等奖。在"一师一优课 一课一名师"活动中，推出优课 35 节，100% 获得区级优课，57% 获得市级优课，35% 获得省级优课，12% 获得部级优课。

网络学习空间提供了有效选择与使用的手段，提供了及时有效的评价反馈，通过数据分析全校教师的信息素养情况。在不打扰教师、不考察本人的情况下，利用空间数据进行过程性评价和精准评估。比如，这是教师空间的多维度统计图，能够清晰地反映每个教师空间应用的情况，教师个人也可以通过数据驾驶舱看到自己的应用数据生成情况。淡化了鉴定功能，充分发挥评价的激励功能，引导教师主动学习、应用信息技术，变革课堂教学，提升育人品质。

"五个融合"，是学校推进行动的核心。2015年，曙光小学校长朱辉亲自组织建起了基于省教育资源公共服务平台的机构空间和个人空间，成立了网络空间应用教师团队，把网络空间应用纳入教师教育教学工作考核指标之一。全校师生在"吉林省教育资源公共服务平台"注册率达到100%。建立教师学习空间45个，班级空间13个和500多个学生学习空间。目前，学校空间内容丰富，重视宣传和分享，突出了学校幸福教育办学文化，设置了安全视界、"四月四节"、生态教育项目等特色栏目。教师空间个性化特点突出，有学校生活、有班级管理、有校本课程和班本课程，还有个人发展，等等。学生空间更是多姿多彩，从精彩生活到美文美篇，从成长足迹到读书感悟，展现了学生自然和谐的生长状态。2016年，学校把工作重点放在"培"和"用"上。建立了校级、班级的管理员队伍，固定时间集中学习，互动讨论，并融合到班本课程、社团课程中。2017年，工作重点放在"深"和"融"上。注重构建"网络学习空间人人通"教学体系，努力实现由教到学的转变，通过学生学习的互动与交流，丰富了学生的学习生活，培养了学生面向未来的能力。2016年学校空间获得吉林省网络空间评比一等奖。教育部《网络学习空间建设与应用指南》明确规定了网络学习空间具有资源共享服务、教学支持服务、学习交互服务和决策评估服务等公共应用服务的功能。曙光小学将网络学习空间的应用与学校育人文化和课堂教学改进深度融合，建立起人人皆学、处处能学、时时可学的泛在学习环境，更是有效支持个性化、适应性学习的智能化学习环境。全校师生空间数560个，人人有空间、人人用空间，普及率和活跃度特别高。从建到用，从用到通，从通到融，步步深入，实现了网络学习空间与学校教育教学的"五个融合"。

一是与学校幸福教育思想文化相融合，促进学校育人文化纵深发展。网络学习空间成为第二所虚拟学校，让师生在云端实现了展示分享、互动交流的幸福。

二是与学校课程相融合，促进课程实施的多样性。与传统德育课程"四月四节"紧密融合，促进德育活动的有效开展。"四月四节"是将一年的8个月以四个活动月、四个活动节的形式，开展与相关学科的整合研究。学校德育处在学校空间开设专题教育，发布"四月四节"活动实施方案，班级和学生根据实际，从活动准备到过程展示到分享评价，在网络空间充分交流和分享。与校本课程相融合，促进学习方式的有效转变。比如音乐学科校本课竖笛，课程目标是让学生掌握竖笛的演奏指法和

呼吸方法，能熟练吹奏 15 首以上完整的乐曲。任庆红老师把孩子们演奏竖笛的照片和视频发到班级空间，利用空间给孩子留作业，随时随地检查作业。课上学习时间有限，她就把创编的竖笛校本教材、教学设计、曲谱、指法讲解视频都发布到"我的空间"里面，孩子们课后也能进行自主学习了；作为全校性的课程，孩子们需要一对一的指导，她就在网络空间开展竖笛项目式学习，特别是学生生病不能来校或寒暑假放假时，老师在网络学习空间和孩子们继续进行互动学习，直播讲解，一对一进行指导。现在她成了孩子们眼中的"网红"了。与班本课程融合，促进学习方式的多元发展。学校班本课程可以说是一班一品，各具特色。如六年一班的班本课程为"魔方世界"。但是，校内学习时间有限，班主任李杰老师在班级空间中建立了"魔方世界"栏目，孩子们可以把自己玩转魔方的视频、感受等分享到空间里。李杰老师还把拼魔方的口诀、步骤和手法录制成魔方教程上传到教师网络学习空间里，学生根据自身的需求可以在线观看视频学习，学不会的可以提问，教师一对一进行答疑和个别辅导。实现了从单一、被动的学习方式向多样化、个性化的学习方式转变。从百花齐放的"班本课程"奇幻魔方、飞叠杯、古诗配画、彩绘纸盘、趣味衍纸等，到打破年级界限的竖笛社团、美术社团、科技社团等，充分展示了学校多元课程建构理念，特别是 snap 编程电路、IQkey 机械学、细胞机器人、STEM 教具展示、互动编程等课程更是体现了创客教育特色和学生的个性成长。

三是与课堂教学相融合，促进教与学方式的不断改进。例如，任菁菁老师执教的"三角形内角和"一课体现了以下几处创新点：课前利用微视频和课前任务进行课前导学，同时在空间进行作业验收，将导学内容延伸到课堂；课始，利用在线检测进行投票，利用投票结果进行猜想，引出本节课的探究话题；课中，在学生的探究环节中，完全做到了自主学习，利用量一量、拼一拼和折一折的方法锻炼了学生的动手操作能力，同时将整堂课的学习路径进行整理，为学生以后的数学学习进行了铺垫；课后，开放式作业的布置有利于拓展学生的思维，并且将课堂知识进行升华。网络学习空间真正地实现了"四个互通"学习可以打破时间与空间的界限，实现了课堂与互联网的联通、教学活动与教学资源的联通、教学参与者与智能化教学装备的联通、学校和家庭的联通。

四是与教研备课融合，促进教师备课方式的改变。常规备课限定了时间与空间，网络教研将定期备课和随机备课相结合，定期备课是确定备课内容，进行教材、教学的讨论。不定期备课是由教学主任在网络学习空间里设置了一个板块——一起备课，采用定期教研与随机教研相结合的方式，实现线下与线上备课研修的有效融合。

每月一次的网络教研，事先确定主题和发言人；随机教研结合实际问题重在探讨教学困惑。在网络教研模块中，教学主任发起话题讨论，老师随时有问题，随时就在空间里研究、讨论、解答。

五是与学生个性成长相融合，促进异地学习共同体形成。学生们在网络学习空间可以上传照片、文章，和更多小伙伴进行分享；可以随时学习喜欢的校本课程竖笛，把自己吹奏的小片段上传到自己的空间；可以通过网络空间结识异地异校的新伙伴，结成共同读书的好书友。网络学习空间为学生们搭建了拓展知识、结识好朋友的平台，帮助学生们实现了跨地域学习、个性化学习。组织学生在空间发照片、写日记，记录自己的成长轨迹，也把喜欢的文章和同学分享，实现生生互动。学生还发布讨论话题，其他学生参与讨论，教师也可对讨论进行批注，生生互动、师生互动。学生经常浏览其他学生的空间和老师的空间，查找有用的学习资料，互学互促，空间自主学习。学生在完成在线作业时，有的需要文字拍照，有的需要上传朗诵音频，还有的需要表演视频，书写、朗诵、仪表，无一不是考验。在一次次的展示中，学生得到了肯定，树立了自信，收获了成就感，形成了良性循环，实现了"参与互动，体验幸福，提升自信，快乐成长"的终极目标。家校互动更深入。学生课堂表现、课堂关键环节录屏、音视频作业等过程数据智能化同步；家长不出门即可及时获取，对学生在课堂上的表现以及作业的情况一目了然，便于家长更深入、更具针对性地介入并辅导学生学习。

习近平总书记指出，教育要"构建网络化、数字化、个性化、终身化的教育体系"。面对信息化教育发展的责任与目标，我们需要仰望星空，做好布局和谋划；更要脚踏实地、砥砺前行，经历"千淘万漉"，收获学校教育信息化的满园春光！

抓住活动关键节点，促进网络学习空间与学习、生活的融合应用。2019 年，学校结合中小学教师信息技术应用能力提升工程 2.0，促进网络学习人人通空间的融合创新。信息技术应用能力 2.0 提升工程的目标是构建以校为本、基于课堂、应用驱动、注重创新、精准测评的教师信息素养发展新机制，促进教师信息化教学能力的显著提升。从 1.0 关注老师学习的输入到 2.0 关注学习之后用了没有，用得效果如何，对教师信息素养的提升与考核内涵更广、意义更深。抓住微能力考核点，推进教师信息技术应用能力 2.0 提升工程。此次提升工程有 30 个微能力点对教师进行考核，通过选择、学习、实践、提交、分享完成考核过程。学校选择确定了10 个能力点，教师再选择 3 个作为自己的能力点。网络学习空间的很多功能都为教师能力点的考核提供了条件，比如学情检测、微课推送、课前练习、课上的讨论

与在线检测、资源的调取与使用、课后的拓展与作业等，进一步促进了教师对网络学习空间的应用创新。

2019年暑期，吉林省电教馆在省资源公共服务平台发布了覆盖全省的"小空间、大作为"网络学习空间主题创建活动，把"立德树人"融入网络学习空间的应用指导过程中，探索创建思想道德领域、文化知识领域、艺术体育领域、社会实践领域等各类活动。学校将活动通知发到学校网络空间和班级网络空间，在家长会上进行详细布置和指导，师生更是积极参与，在"一起阅读"活动和其他5个习惯养成子活动中，参与人次1 409，作品数44 511，学校3位教师被评为优秀组织教师。朴明玉老师的《如何帮助孩子提高文学素养》一文在教育云周刊第14期教师版推出。

开展项目式学习，促进教与学方式的改变。网络学习空间的应用重点就是在课堂教学中、在教与学过程中的应用。课前，教师可以利用课程的精品资源，满足一键使用及二次编辑需求，大大节省教师备资源的时间。课前导学中，教师可以将各种类型的导学单推送给学生，学生通过微课学习、做习题、参与讨论完成导学单，教师可以在充分了解学情的基础上开展课堂学习。课中环节，利用互动课堂，营造生动的学习氛围，并利用在线检测功能，达到巩固复习的目的。课后环节，可以布置图片、视频、音频各类体验式的作业，满足教师个性化批阅的需求。

为了进一步促进学习方式的变革，2019年下半年学校开展了基于学科的项目式学习实践。从语文、数学、英语、科学学科开始，实现多学科参与，覆盖二到六年级。共计开展了"垃圾分类""滴水试验"等13个项目学习。包括明确项目任务、共同探讨设计方案、小组合作实施项目、合作交流反思分享等几个环节。教师从教材中、课外生活中选取活动主题，并将活动方案要求发布到网络学习空间。指导学生通过小组合作去探究和解决问题，并在网络学习空间进行讨论和分享、评价。

例如，"三园一校"课程，是指利用学校附近的牡丹园、动植物公园、儿童公园、东北师范大学等资源，开展的综合性项目式学习。在"国色天香牡丹园"项目学习中，整合语文、音乐、美术、科学等多个学科，语文学科可以背诵积累关于牡丹的诗词、美文，音乐学科可以唱唱《牡丹之歌》，进行相关乐曲赏析，美术学科画画牡丹，科学学科观察牡丹的生长状态，等等，一个项目做下来，孩子们收获非常丰富（研学记录单、文化衫、纸盘画）。项目式学习不但实现了学科的跨界、融合，更将学生的学习从课内延伸到课外，从线下延伸到线上。在提高学生自主探究能力的同时，培养学生合作分享的品质，更让网络学习空间成为最好的记录后台、分享平台和情感交流的平台。

三、未来畅想

幸福教育就像是我们人生的准绳，标度着我们的每一寸时光，体验着我们的每一寸人生与每一点意义。一个个学生更加阳光向上、信心满满；一位位教师更加优雅亲切、学识丰盈；一面面墙壁更加生动活泼、别具一格；一节节课堂更加灵动精彩、收获满满；一个温暖、雅致的幸福学校更让人深深眷恋，这些正是幸福教育的全方位写照。行走在幸福教育之路上的我们，一路欢唱一路歌。

后记

2013年3月，适逢南关区部分校级领导干部重新调整，我来到曙光小学任职，开启了做一位校长的幸福之路。这一年适逢学校教学楼原址重建后回迁新楼，我和老师、学生们一起重新建设我们的崭新家园。在深入了解学校发展历史、与老教师座谈、广泛调查了解的基础上，幸福教育理念应运而生。它代表着学校前行的方向，无论艰难险阻，都迎难而上；它是曙光小学的核心源泉，凝聚各方力量，促进学校蓬勃向上。从幸福教育理念，到幸福教育的课程文化、管理文化、物质文化，四年里，我们一直在不断地梳理总结，不断地审视思考。四年的校长经历让我深深认识到自己理论认识的浅薄，感到学校处在了发展的瓶颈，几度徘徊困惑，找不到提升的路径和方向。对为什么实施幸福教育，什么是幸福教育等问题缺乏理性的思考。2015年，我参加了由教育部小学校长培训中心、北京师范大学校长培训学院承办的"第72期全国小学骨干校长高级研修班"。在北京师范大学为期一个月的培训，让我受益匪浅，更让自己意识到专家指导是学校发展和校长成长的关键。

"关关雎鸠，在河之洲，窈窕淑女，君子好逑。"这原是描述男子对美丽女子的倾慕。但是我却觉得这句话最能表达我们对专家指导团队的倾慕与期盼之情。引入专家团队进行跟踪指导，对学校进行全方位的把脉、诊断，才能更好地促进学校的发展。2017年，南关区教育局和东北师大教育学部建立了"基于生态教育理念下的区域学校改进项目"，我感到无比欣喜和振奋。经过自主申报、现场答辩、实地踏查等审核之后，曙光小学荣幸地成为第一批5所生态教育改进项目实验校之一。这份幸福来之不易，凝聚了南关区政府、区教育局对学校发展的深深期待，凝聚了社会和百姓对优质教育的深深期待，所以我们无比珍惜。

专家团队又多次深入学校，每次都针对具体项目和内容给予指导和帮助。专家团队的深入让我们有了柳暗花明的感觉，盲目的思想有了方向和源头，混乱的实践有了条理和脉络，感性的思考有了依据和理论。我记得2018年师大专家第一次深入，原定在8月27日，因台风"山竹"的到来全市紧急停课，专家入校日程临时发生了改变，我就很着急联系李广教授，问他何时来，李教授在微信中用一首小诗回复我：暴雨继续下，台风也不怕。曙光终会来，正在做规划。

每次专家深入，学校都特别重视，希望通过不同内容的展示活动，让专家们更深入地走近并了解我们。从课堂教学到主题活动，从参观展示到参与互动，一次次的思想碰撞，一次次的智慧展现，一次次的精神融合。每次专家深入之后我们都会反复研究现场录音录像，及时梳理专家的想法意见，经过再讨论确定下一步工作思路，在实践中落实具体改进措施，这样的及时跟进确保了计划的顺利进行。

在一路走来的历程中，特别感谢南关区政府、南关区教育局、南关区教师进修学校的顶层设计和给予我们的鼓励和支持，让一所普通学校跻身改进项目实验校行列，实现学校发展的迅速提升。

特别感谢东北师范大学教育学部专家团队的倾情投入和全程指导，从课堂教学到课后指导，从方案设计到文化建构，从活动设计到书稿完善，每一个环节都细致入微。柳海民教授从学校理念的整体建构到学校文化的具体表达，字斟句酌，更加规范完整；李广教授从学校整体改进计划的完善到学校教学模式的总结提升，逐一进行指导；刘学智教授是曙光小学改进项目的具体负责专家，和学校联系更多，指导更为密切。从书稿的每个章节到课程图谱的设计，投入了很多的精力；杨进副教授从教师队伍建设方面给予了很大帮助；唐丽芳副教授对学校的课程建设方面给予了具体指导；张聪副教授对学校幸福学生培养方面的指导特别细致；梁红梅副教授对学校幸福管理的策略、模式等提出了具体意见。东北师大专家指导团队三年来的参与和付出，让我们更加努力和振奋，对改进项目更加充满信心和动力，使学校的改进项目取得了丰硕的成果。

特别感谢项目团队的辛苦付出，潘春竹副校长、韩维副校长，刘岩、李俊波、李杰、张弥、朴明玉等教师参加了具体改进工作的落实，并在书稿的撰写过程中付出了辛勤的汗水。

特别感谢与我日日工作在一起的老师们，他们提供了丰富的研究课例和活动，在每一次的讨论和分享中，达成共识。感谢孩子们和家长们，孩子们的参与和家长的支持，使得我们的改进项目更加灵性生动。

项目改进的过程是非常辛苦的，我曾辗转反侧夜不能寐，曾投身书海却杂乱无章，但是我从未想过退却，因为这样的机会来之不易，因为只有经历过苦痛才能体会到幸福的甘甜。经过近两年的研究改进，学校办学理念从单一走向丰富，办学实践从随意走向体系，课程规划从混乱走向条理。

正是基于改进研究的过程，我和我的团队在实践总结和理论反思的基础上，形成了这本书。

"幸福都是奋斗出来的"，在这条奋斗的路上，我们用担当和奉献诠释奋斗的意义。面对人民对美好教育的需求与渴盼，我们需要仰望星空，做好布局和谋划；更要脚踏实地、砥砺前行，将曙光小学建成让百姓满意的幸福学校。